Devocional do
Catecismo Nova Cidade

Devocional do
Catecismo Nova Cidade

A verdade de Deus para nossos corações e mentes

Introdução de Timothy Keller

Collin Hansen
(Organizador)

FIEL Editora

D498 Devocional do catecismo nova cidade : a verdade de
Deus para nossos corações e mentes / introdução de Tim
Keller ; Collin Hansen, organizador. – São José dos
Campos, SP: Fiel, 2017.
238 p.
Bibliografia: p. 235-238.
Tradução de: The new city catechism devotional: God's
truth for our hearts and minds.
ISBN 9788581324272

1. Igrejas presbiterianas – Catecismos. 2. Igrejas
reformadas – Catecismos. 3. Assembleia de Westminster
(1643-1652) – Breve catecismo. 4. Catecismo da nova
cidade. I. Hansen, Collin, 1981 – organizador. II. Título.
CDD: 238.51

Catalogação na publicação: Mariana C. de Melo Pedrosa – CRB07/6477

Devocional do Catecismo Nova Cidade
A verdade de Deus para nossos corações e mentes
Traduzido do original em inglês
The New City Catechism Devotional: God's Truth for Our Hearts and Minds

■

Publicado por Crossway
1300 Crescent Street Wheaton, Illinois 60187

Primeira Edição em Português: 2017

■

Diretor: Tiago J. Santos Filho
Editor: Tiago J. Santos Filho
Tradução: Elizabeth Gomes
Revisão: Shirley Lima - Papiro Soluções Textuais
Diagramação: Rubner Durais
Adaptação de Capa: Rubner Durais
ISBN impresso: 978-85-8132-427-2
ISBN e-book: 978-85-8132-457-9

FIEL
Editora

Caixa Postal 1601
CEP: 12230-971
São José dos Campos, SP
PABX: (12) 3919-9999
www.editorafiel.com.br

Sumário

Introdução

TIMOTHY KELLER

Pergunta 1. Qual é o grande objetivo do homem?
Resposta. O grande objetivo do homem é glorificar a Deus e gozar dele para sempre.

Pergunta 1. Qual é seu único consolo na vida e na morte?
Resposta. O fato de que não sou meu, mas que pertenço — de corpo e alma, na vida e na morte — a meu fiel Salvador, Jesus Cristo.

Essas palavras – a abertura dos catecismos de Westminster e de Heidelberg – encontram eco em muitos de nossos credos e declarações de fé. São conhecidas por meio de sermões e livros, porém a maioria das pessoas desconhece sua fonte e certamente nunca as memorizou como parte dos catecismos dos quais derivam.

Atualmente, muitas igrejas e organizações cristãs publicam suas "declarações de fé", as quais delineiam suas crenças. Mas, no passado, esperava-se que documentos dessa natureza fossem biblicamente tão ricos e elaborados com tanto cuidado que seriam memorizados e usados para o crescimento e a formação cristã. Eram escritos em forma de perguntas e respostas, e denominados *catecismos* (do grego *katechein*, ou seja, "ensinar oralmente ou instruir com as palavras da boca"). O Catecismo de Heidelberg (1563) e os Catecismos Menor e Maior de Westminster (1648) estão entre os mais conhecidos, e servem como padrão doutrinário de muitas igrejas no mundo de hoje.

A Prática Perdida da Catequese

No presente, a prática da catequese, especialmente entre os adultos, foi quase completamente perdida. Os programas modernos de discipulado concentram-se em práticas como estudo bíblico, oração, comunhão e evangelismo, e, algumas vezes, podem ser superficiais no que diz respeito à doutrina. Em contraste, os catecismos clássicos levam os estudantes a examinar o Credo Apostólico, os Dez Mandamentos e a Oração do Senhor — um perfeito equilíbrio entre teologia bíblica, ética prática e experiência espiritual. Ademais, a disciplina catequética da memorização leva os conceitos mais para o fundo do coração e, naturalmente, faz com que os estudantes sejam mais responsáveis em dominar a matéria do que nos cursos típicos de discipulado. Finalmente, a prática de formular perguntas e respostas leva os instrutores e os alunos a um processo naturalmente interativo e dialógico de aprendizado.

Em suma, a instrução catequética é menos individual e mais comunitária. Os pais podem catequizar seus filhos. Os líderes de Igreja podem catequizar os novos membros com catecismos menores e os novos líderes com catecismos mais extensos. Devido à riqueza do material, as perguntas e respostas catequéticas podem ser integradas ao próprio culto público, em que a Igreja, como corpo, confessa sua fé e responde a Deus com louvor.

Como perdemos a prática da catequese nos dias de hoje, "é extremamente comum que as marcas das congregações evangélicas atuais se caracterizem por pequenas pinceladas superficiais da verdade, noções confusas sobre Deus e piedade, e negligência na reflexão acerca das questões da vida — quanto a profissão, comunidade, família e Igreja".[1]

Por que Escrever Novos Catecismos?

Existem muitos catecismos antigos, excelentes, atestados pelo tempo. Por que, então, dedicar-se a escrever novos catecismos? Na verdade, algumas pessoas podem suspeitar da motivação de qualquer um que queira fazer isso. Porém, a maioria das pessoas não se dá conta de que constituía uma prática considerada normal, importante e necessária as Igrejas continuamente produzirem novos catecismos para o próprio uso. O *Livro de Oração Comum* da Igreja Anglicana incluía um catecismo. As igrejas luteranas tinham o *Catecismo maior* e o *Catecismo menor* de Lutero (1529). As antigas igrejas escocesas, embora tivessem o *Catecismo de Genebra*, de Calvino (1541), e o *Catecismo de Heidelberg* (1563), prosseguiram produzindo e utilizando o *Catecismo de Craig* (1581), o *Catecismo Latino de Duncan* (1595) e o *Novo Catecismo* (1644), antes de, por fim, adotarem o *Catecismo de Westminster*.

O pastor puritano Richard Baxter, que ministrou em Kidderminster, cidade do século XVII, queria treinar os chefes de família a, sistematicamente, instruir seus lares na fé. Assim, ele escreveu seu *Catecismo da família*, que foi adaptado para a capacidade de seu povo e trouxe aplicação bíblica a muitos assuntos e questões que seu povo enfrentava na época.

Os catecismos eram escritos com pelo menos três propósitos. O primeiro era apresentar uma exposição abrangente do evangelho — não só para explicar claramente o que é evangelho, mas também para mostrar os elementos constitutivos em que se baseia, como, por exemplo, as doutrinas bíblicas de Deus, da natureza humana, do pecado, e assim por diante. O segundo propósito era fazer essa exposição de um modo que os erros, as heresias e as falsas crenças da época e da cultura fossem abordados e contrapostos. O terceiro propósito, mais pastoral, era formar um povo distinto, uma contracultura que refletisse a semelhança de Cristo, não somente no caráter do indivíduo, como também na vida comunitária da Igreja.

Quando analisados em conjunto, esses três propósitos explicam por que os novos catecismos têm de ser escritos. Conquanto nossa exposição da doutrina do evangelho tenha de estar alinhada com os catecismos mais antigos e fiéis à Palavra, as culturas mudam com o tempo, assim como os tipos de erro, tentação e desafio ao evangelho imutável, de modo que as pessoas têm de estar equipadas para enfrentá-los e resolvê-los.

Estrutura do *Catecismo Nova Cidade*

O *Catecismo Nova Cidade* tem apenas 52 perguntas e respostas (e não as 129 de Heidelberg ou as 107 do Breve Catecismo de Westminster). Assim, temos apenas uma pergunta e uma resposta para cada semana do ano, o que o torna mais simples para se encaixar nos calendários das igrejas e acessível para pessoas com horários mais apertados.

O *Catecismo Nova Cidade* se baseia nos – e é adaptado dos – *Catecismo de Genebra*, de Calvino, Catecismos de Westminster (Breve e Maior) e, especialmente, Catecismo de Heidelberg. Isso representa uma boa exposição a algumas das riquezas e alguns entendimentos que perpassam todo o espectro dos grandes catecismos da era da Reforma, na esperança de estimular as pessoas a mergulhar nos catecismos históricos e manter o processo catequético por toda a vida.

Organiza-se em três partes, com vistas a facilitar o aprendizado em blocos, incluindo algumas divisões úteis:

Primeira Parte: Deus, criação e queda, lei (20 perguntas)
Segunda Parte: Cristo, redenção e graça (15 perguntas)
Terceira Parte: Espírito, restauração e crescimento em graça (17 perguntas)

A exemplo do que acontece na maior parte dos catecismos tradicionais, um versículo bíblico acompanha cada pergunta e resposta. Além disso, cada pergunta e cada resposta são seguidas por um breve comentário extraído dos escritos ou dizeres de um pregador do passado, como também pelo comentário de um pregador contemporâneo, a fim de ajudar os estudantes a meditar e pensar a respeito do tópico que está sendo examinado. Cada questão termina com uma breve oração original.

O Uso de Linguagem Arcaica

Embora, à primeira vista, possa fazer o conteúdo parecer menos acessível, a linguagem dos textos originais foi mantida tanto quanto possível nos comentários históricos. Quando as pessoas se queixaram a J. R. R. Tolkien sobre a linguagem arcaica que às vezes empregava, ele respondeu que a linguagem carrega consigo os valores culturais e, portanto, o uso das formas mais antigas não se explicava por nostalgia, mas por uma questão de princípio. Ele acreditava que os modos mais antigos de falar transmitiam modos mais antigos de entender a vida, os quais as formas modernas não conseguem transmitir, porque a linguagem moderna está impregnada de uma visão moderna da vida.

Por essa razão, exceto nos casos em que as palavras não estejam mais em uso corrente, tornando-se, assim, incompreensíveis (nesse caso, elas foram substituídas por elipses), a linguagem e a ortografia (no original em inglês) dos autores originais foram mantidas nos comentários históricos. Ocasionalmente, essa linguagem se reflete também nas perguntas e respostas em que as formas mais poéticas ajudam na memorização.

Como Usar o *Catecismo Nova Cidade*

O *Catecismo Nova Cidade* consiste em 52 perguntas e respostas, de modo que o jeito mais fácil de usá-lo é memorizando uma pergunta e uma resposta a cada semana do ano. Como tem intenção dialógica, é melhor aprendermos aos pares, em família ou em grupos de estudo, capacitando-nos a treinar uns aos outros nas respostas, não só uma de cada vez, mas, quando tiver aprendido dez delas, repeti-las, depois vinte, e assim por diante.

O versículo da Bíblia, o comentário escrito e a oração associados a cada conjunto de pergunta e resposta podem ser usados como instrumento devocional em determinado dia da semana, a fim de ajudá-lo a refletir e meditar sobre as questões e aplicações que surgem das perguntas e respostas.

Os grupos podem decidir dedicar os primeiros cinco a dez minutos do tempo de estudo a olhar, em conjunto, apenas uma pergunta e uma resposta, completando, assim, o catecismo em um ano, ou talvez prefiram estudar e aprender as perguntas e respostas em um período previamente combinado, como, por exemplo, decorando cinco ou seis perguntas por semana e se reunindo para fazer perguntas uns aos outros e discutir as questões, como também os comentários que as acompanham.

Dicas de Memorização

Existe uma variedade de métodos para guardar na memória os textos, e algumas técnicas são mais adequadas a certos estilos de aprendizagem que outras. Alguns exemplos incluem:

- Leia em voz alta a pergunta e a resposta, e repita, repita, repita.

- Leia a pergunta e a resposta em voz alta, e tente repeti-las sem olhar. Repita.
- Leia em voz alta todas as perguntas e respostas da Primeira Parte (depois da Segunda Parte e, em seguida, da Terceira) enquanto caminha de um lugar para outro. A combinação de movimento e fala fortalece a capacidade da pessoa de se lembrar do texto.
- Recorde o que você decorou, dizendo todas as perguntas e respostas da Primeira Parte (depois da Segunda e, em seguida, da Terceira Parte), e escute-as durante a prática de atividades cotidianas, como, por exemplo, exercícios físicos, tarefas caseiras e assim por diante.
- Anote as perguntas e respostas em cartões e afixe-as em um lugar que você visualiza com frequência. Leia-as em voz audível sempre que os visualizar.
- Faça cartões de memorização com a pergunta de um lado e a resposta do outro, e teste a si mesmo.
- Escreva a pergunta e a resposta. Repita. O processo de escrever ajuda a capacidade da pessoa de relembrar o texto.
- Treine as perguntas e respostas com outra pessoa sempre que possível.

Uma Prática Bíblica

Em sua carta a Gálatas, Paulo escreve: "E o que é instruído na palavra reparta de todos os seus bens com aquele que o instrui" (Gl 6.6). A palavra grega para "o que é instruído" é *katechoumenos*, aquele que está sendo catequizado. Em outras palavras, Paulo está falando sobre um corpo de doutrina cristã (*catecismo*) que foi ensinado a eles por um instrutor (aqui a palavra é *catequizador*). As palavras "todos os seus bens" provavelmente significavam apoio financeiro também. À luz disso, a palavra *koinoneo* — que significa "compartilhar" ou "ter comunhão"— torna-se ainda mais rica. O salário de um professor cristão não deve ser visto apenas como pagamento, mas como uma "comunhão". A catequese não é só mais um serviço a ser pago, mas uma rica comunhão e um mútuo compartilhamento dos dons de Deus.

Se voltarmos a essa prática bíblica em nossas igrejas, redescobriremos que a Palavra de Deus "habita ricamente em nós" (ver Cl 3.16), porque a prática da catequese leva a verdade para o fundo dos corações, de modo que pensemos em categorias bíblicas tão logo consigamos arrazoar.

Quando meu filho Jonathan era bem novo ainda, minha esposa, Kathy, e eu começamos a ensinar-lhe um catecismo infantil. No começo, trabalhamos apenas com as três primeiras perguntas:

Pergunta 1. Quem fez você?
Resposta. Deus.

Pergunta 2. O que mais Deus criou?
Resposta. Deus criou todas as coisas.

Pergunta 3. Por que Deus criou você e todas as coisas?
Resposta. Para sua própria glória.

Certo dia, Kathy deixou Jonathan na casa da babá. A certa altura, a cuidadora descobriu que Jonathan olhava pela janela. "Em que você está pensando?", perguntou ela. "Em Deus", respondeu meu filho. Surpresa, retrucou: "O que você está pensando sobre Deus?". Então, ele olhou para a moça e replicou: "Pensava em como ele fez tudo para sua própria glória". Ela, então, acreditou ter um gigante espiritual em suas mãos! Um menininho, olhando pela janela, contemplava a glória de Deus na criação!

O que realmente aconteceu, obviamente, foi que a sua pergunta o estimulou a recuperar o esquema de perguntas e respostas. Ele respondeu com o catecismo. Certamente ele não tinha a mínima ideia do que seria a "glória de Deus". Mas o conceito estava impregnado em sua mente e em seu coração, esperando para se conectar a novas perspectivas, novos ensinamentos e novas experiências.

Essa instrução, disse Archibald Alexander, teólogo de Princeton, é como lenha numa fogueira. Sem o fogo — o Espírito de Deus —, a lenha em si não produzirá uma chama aquecedora. Mas, sem o combustível, também não pode haver fogo, e é nisso que se resume a instrução catequética.

Primeira Parte

Deus, Criação e Queda, Lei

Pergunta 1

Qual é nossa única esperança na vida e na morte?

Que não somos de nós mesmos, mas pertencemos, de corpo e alma, na vida e na morte, a Deus e a nosso Salvador, Jesus Cristo.

ROMANOS 14.7-8

Porque nenhum de nós vive para si, e nenhum morre para si. Porque, se vivemos, para o Senhor vivemos; se morremos, para o Senhor morremos. De sorte que, ou vivamos ou morramos, somos do Senhor.

Comentários

JOÃO CALVINO

Se nós, portanto, não somos de nós mesmos, mas do Senhor, está claro o equívoco que temos de evitar, e o rumo que devemos dar a todos os atos de nossa vida. Não somos de nós mesmos: não devemos permitir que nossa razão ou nossas vontades influenciem nossos planos e feitos. Não somos de nós mesmos: não devemos colocar isso como alvo para buscar o que nos é mais conveniente... Não somos de nós mesmos: tanto quanto possível, devemos nos esquecer de nós mesmos e de tudo que é nosso. Por outro lado, somos de Deus: portanto, devemos viver e morrer por ele. Somos de Deus: que a sua sabedoria e a sua vontade, portanto, governem todos os nossos atos. Somos de Deus: assim, que todas as áreas de nossa vida lutem por ele como nosso único alvo legítimo. Ó, quanto esse homem tem proveito se, ao aprender que não pertence a si mesmo, retire o domínio e o governo de sua própria razão para entregá-los totalmente a Deus! Pois consultar nosso interesse egoísta é a peste que leva mais efetivamente à nossa destruição, de modo que o único abrigo da salvação está em reconhecer que nada sabemos e nada queremos para nós mesmos, mas tão somente seguir o caminho de nosso Senhor.[2]

TIMOTHY KELLER

A certa altura de seus escritos, João Calvino expõe a essência do que significa ter uma vida cristã. Ele diz que poderia fazer uma lista de mandamentos que devemos guardar ou de todas as características que deveríamos demonstrar. Mas, em vez disso, quis ater-se ao motivo e ao princípio básico do que significa ter uma vida cristã.

O motivo básico é que Deus enviou seu Filho para nos salvar pela graça e nos adotar em sua família. Agora, por causa dessa graça, em agradecimento, queremos ser semelhantes a nosso Pai. Desejamos a semelhança familiar. Queremos ser como nosso Salvador. Desejamos agradar a nosso Pai.

O princípio básico, então, é o seguinte: não vivemos para agradar a nós mesmos. Não podemos viver como se pertencêssemos a nós mesmos. Isso significa várias coisas. Primeiro, que não determinamos para nós o que é certo ou errado. Entregamos o direito de determinar isso e dependemos totalmente da Palavra de Deus. Também abrimos mão do princípio operante que, em geral, empregamos na vida cotidiana; deixamos de nos colocar em primeiro lugar e sempre colocamos nesse patamar o que agrada a Deus e ama seu próximo. Significa também que não temos nenhuma parte da vida que seja imune à entrega de si mesmo. Devemos entregar-nos inteiramente a ele — de corpo e alma.

Isso quer dizer que confiamos em Deus nas alegrias e nas provações, nos tempos bons e nos tempos ruins, na vida e na morte.

Como se relacionam esse motivo e esse princípio? Como somos salvos pela graça, não pertencemos a nós mesmos. Certa vez, uma mulher me disse: "Se eu soubesse que era salva pelo que eu fazia, se eu contribuísse para minha salvação, Deus não poderia pedir nada de mim porque eu teria dado a minha contribuição. Mas, se fui salva pela graça, por pura graça, então não existe nada que ele não possa pedir de mim". É isso mesmo. Você não pertence a si mesmo. Foi comprado por alto preço.

Há alguns anos, ouvi um pregador cristão dizer: "Como é possível lidar com alguém que se entregou totalmente a você sem se entregar totalmente a ele?".

Jesus se entregou totalmente por nós. Agora nós também devemos nos entregar totalmente a ele.

Oração

Cristo, nossa esperança na vida e na morte, lançamo-nos sobre teu misericordioso cuidado paternal. Tu nos amas porque somos teus. Nenhum bem possuímos senão em ti, e não poderíamos pedir dom maior do que o de pertencer a ti. Amém.

Pergunta 2

Quem é Deus?

Deus é o criador e sustentador de todos os seres humanos e de todas as coisas. Ele é eterno, infinito e imutável em seu poder e sua perfeição, em sua bondade e glória, em sua sabedoria, justiça e verdade. Nada acontece exceto por meio dele e por sua vontade.

SALMOS 86.8–10, 15

Entre os deuses, não há semelhante a ti, Senhor,
nem há obras como as tuas.
Todas as nações que fizeste virão
e se prostrarão perante a tua face, Senhor,
e glorificarão o teu nome.
Porque tu és grande e fazes maravilhas;
só tu és Deus.
Porém tu, Senhor, és um Deus cheio de compaixão,
e piedoso, sofredor, e grande em benignidade
e em verdade.

Comentários

JONATHAN EDWARDS

Sem dúvida, o Criador do mundo é também seu Governador. Aquele que teve poder para dar existência ao mundo, colocando em ordem todas as suas partes, também tem poder de dispor do mundo, de dar seguimento à ordem que constituiu ou alterá-la. Ele foi quem primeiro deu as leis da natureza e, portanto, tem toda a natureza em suas mãos; assim, fica evidente que Deus tem o mundo em suas mãos, para dispor dele segundo seu querer... É sabido, de fato, que Deus não é displicente quanto à forma como se passam os acontecimentos, e às preocupações do mundo que fez, porque não foi descuidado disso na própria criação; como é aparente, pelo modo e pela ordem em que as coisas foram criadas, Deus, ao criá-las, cuidou do progresso e do estado futuro dessas coisas no mundo.[3]

D. A. CARSON

É espetacularmente maravilhoso conversar sobre Deus, pensar nele. Não pode haver nenhum assunto mais importante. Mas a palavra *Deus* em si não é uma cifra vazia. Só porque alguém usa a palavra *Deus* e outra pessoa também usa a palavra *Deus*, isso não significa que estejam falando a mesma coisa. Para alguns, Deus é um sentimento inexprimível, ou a causa imutável do começo do universo, ou um ser cheio de transcendência. Mas nós estamos falando do Deus da Bíblia, e o Deus da Bíblia é autodefinido. Ele fala de si mesmo como eterno e justo. É o Deus de amor. É o Deus da transcendência; ou seja, ele está acima do espaço, do tempo e da história. No entanto, ele também é Deus *imanente*, ou seja, está de tal modo conosco que não é possível fugirmos dele. Está em todo lugar. É imutável. É verdadeiro. É confiável. É pessoal.

O que importa realmente entender, na medida em que Deus se revelou não somente em palavras, mas também em toda a narrativa bíblica, é que não nos é permitido tomar um atributo de Deus e fazer tudo desse único atributo. Não podemos, por exemplo, tomar sua soberania e nos esquecer de sua bondade. Ou tomar sua bondade e nos esquecer de sua santidade (sua santidade é o que faz com que Deus seja Deus de juízo). Ou tomar seu juízo, até mesmo a severidade de seu juízo, sem reconhecer que ele é Deus de amor, o Deus que amou de tal maneira até mesmo suas criaturas rebeldes que enviou seu Filho para levar sobre si nosso pecado em seu corpo sobre o madeiro.

Noutras palavras, para chegarmos ao coração de quem é Deus e nos curvarmos diante dele em alguma pequena medida de entendimento autêntico, é importante pensar no que a Bíblia diz repetidas vezes, e integrar o todo com o mesmo equilíbrio e a mesma proporção que a própria Escritura oferece. Isso nos conclama à adoração. Se colocarmos qualquer outra coisa no lugar de Deus, essa será a definição de idolatria.

Oração

Nosso Criador e Sustentador, em ti tudo está coeso. A menor criatura é por ti conhecida, e o mais poderoso exército está sob teu comando. Tu reinas com justiça. Ajuda-nos a confiar em tua bondade em tudo que queres. Amém.

Pergunta 3

Quantas pessoas existem em Deus?

Existem três pessoas no único Deus vivo e verdadeiro: o Pai, o Filho e o Espírito Santo. São os mesmos em substância, iguais em poder e glória.

2 CORÍNTIOS 13.13

A graça do Senhor Jesus Cristo, e o amor de Deus, e a comunhão do Espírito Santo sejam com vós todos. Amém.

Comentários

RICHARD BAXTER

É necessário que creiamos no grande mistério da Bendita Trindade: Pai, Filho e Espírito Santo, sendo um só Deus, não somente quanto à eterna e insondável inexistência, como especialmente pelo conhecimento das três grandes espécies de obras de Deus sobre o homem: ou seja, como nosso Criador e Deus da natureza; como nosso Redentor e Deus da graça que governa e reconcilia; e como nosso Santificador, Aplicador e Aperfeiçoador de todos, a fim de nos tornar aptos para a glória... Deus é um Espírito infinito, indivisível; no entanto, ele é Pai, Filho e Espírito Santo, tem de ser crido... Podemos provar que o Espírito Santo é Deus? Devemos ser batizados na fé dele como Pai e Filho, e em tudo que faz realiza as obras certas de Deus, e possui os atributos de Deus na Escritura.[4]

KEVIN DEYOUNG

A doutrina da Trindade é a mais importante doutrina cristã que a maioria das pessoas nunca considera. Ela é absolutamente essencial à nossa fé, mas, para muitos cristãos, assemelha-se a um confuso problema matemático. Mesmo que consigamos entender o que é a *Trindade*, parece que não exerce muita influência sobre nossas vidas nem tem relevância para nós.

A palavra *Trindade*, tal como é conhecida, não se encontra na Bíblia, mas encerra muito bem numerosas verdades bíblicas. Na verdade, existem sete declarações que compõem a doutrina da Trindade:

1. Deus é um. Há um só Deus.
2. O Pai é Deus.
3. O Filho é Deus.
4. O Espírito Santo é Deus.
5. O Pai não é o Filho.
6. O Filho não é o Espírito.
7. O Espírito não é o Pai.

Se você entende essas assertivas, conseguiu entender a doutrina da Trindade — o que significa quando dizemos que há um só Deus em três pessoas.

Os cristãos são monoteístas. Não cremos em muitos deuses ou em um panteão de deuses, mas apenas em um só Deus, e esse Deus se expressa e existe em três pessoas. Essa linguagem de *pessoas* é muito importante. A Igreja primitiva lutava para usar a linguagem apropriada, e o termo *pessoas* expressa adequadamente a personalidade dos três membros da Trindade, como também seu relacionamento uns com os outros. Pai, Filho e Espírito Santo, juntos, são inerentes a uma única essência, embora existam algumas distinções. Um não é o outro, mas são iguais em posição, iguais em poder, iguais em glória e iguais em majestade. Assim como Jesus enviou os discípulos a ir e batizar em nome do Pai, do Filho e do Espírito Santo, vemos essa doutrina da Santa Trindade entretecida por toda a Escritura.

Ainda mais confusa para as pessoas é a Pergunta "Por que isso tem importância?". "Está bem, entendo que temos três em um, um em três. Mas que diferença isso faz para qualquer coisa em minha vida cristã?". De um modo bem trinitário, penso que há duas coisas importantes que essa doutrina significa para nós.

Primeiro, a Trindade nos ajuda a entender como pode haver unidade na diversidade. Essa é uma das perguntas mais prementes em nosso mundo. Algumas pessoas focam quase exclusivamente na diversidade, no fato de que as pessoas são bastante diferentes. Não enxergam os pontos em comum. Outras querem forçar uma completa uniformidade de pensamento, governo e expressão. A Trindade nos mostra que podemos ter profunda, real e orgânica unidade na diversidade, de modo que o Pai, o Filho e o Espírito Santo operem em completa união em nossa salvação. O Pai designa. O Filho realiza. O Espírito aplica. Encontramos plenamente Deus no Pai, no Filho e no Espírito Santo. No entanto, sua obra divina não é intercambiável nem redundante.

Segundo, quando se tem um Deus trino, temos a eternidade do amor. O amor existe desde todos os tempos. Se houvesse um Deus que não fosse três pessoas, ele teria de criar um ser para amar, para ser a expressão de seu amor. Mas Pai, Filho e Espírito Santo, existindo na eternidade, sempre tiveram esse relacionamento de amor. Assim, o amor não é algo criado. Deus não teve de sair de si para amar. O amor é eterno. Quando se tem um Deus trino, tem-se plenamente esse Deus que é amor.

Finalmente, e mais importante, a doutrina da Trindade é crucial para o cristão porque não há nada mais importante no mundo do que conhecer a Deus. Se Deus existe como um Deus em três pessoas, se a única essência divina subsiste como Pai, Filho e Espírito Santo, se somos batizados nesse nome trino, nenhum cristão deseja ignorar essa realidade trinitária. Por fim, a Trindade é importante porque Deus é de suma importância.

Oração

Pai, Filho e Espírito, vós estais além de nosso entendimento. Somos gratos por nos trazerdes ao vosso amor, um amor que existia antes do mundo em vossas três pessoas perfeitas. Amém.

Pergunta 4

Como e por que Deus nos criou?

Deus criou-nos homem e mulher à sua própria imagem para conhecer, amar, viver com ele e glorificá-lo. É totalmente justo que, se fomos criados por Deus, vivamos para sua glória.

GÊNESIS 1.27

E criou Deus o homem à sua imagem;
à imagem de Deus o criou;
homem e mulher os criou.

Comentários

J. C. RYLE

A glória de Deus é a primeira coisa que os filhos de Deus deveriam desejar. É o objeto de uma das orações de nosso próprio Senhor: "Pai, glorifica o teu nome" (Jo 12.28). É o propósito pelo qual o mundo foi criado. É o fim pelo qual os santos são chamados e convertidos. É o principal alvo que devemos buscar, "para que em tudo Deus seja glorificado por Jesus Cristo" (1Pe 4.11)... Tudo pelo qual possamos glorificar a Deus, um talento, nossos dons, nossa influência, dinheiro, conhecimento, saúde, força, tempo, sentidos, razão, intelecto, memória, afetos, privilégios como membros da Igreja de Cristo, nossas vantagens como possuidores da Bíblia — tudo, tudo isso é talento. De onde vieram tais coisas? Qual mão as concedeu? Por que somos o que somos? Por que não somos os vermes que rastejam pela terra? Só existe uma resposta a essas questões. Tudo que temos nos foi emprestado por Deus. Somos guardiões de Deus. Somos devedores a Deus. Que esse pensamento penetre profundamente em nossos corações![5]

JOHN PIPER

Por que as pessoas fazem imagens? Elas fazem imagens para *imaginar*. Querem criar imagens que evidenciem algo. Se você fizer uma estátua de Napoleão, vai querer que as pessoas pensem não tanto na estátua quanto em Napoleão. Você faz a estátua de modo que tenha alguma característica específica sobre o caráter de Napoleão.

Assim, Deus nos fez à sua imagem. Poderíamos argumentar se é nossa racionalidade, nossa moralidade ou nossa vontade que nos fazem à sua imagem. O ponto é que ele nos fez seres humanos à sua imagem para espelhar a imagem de algo, ou seja, a dele mesmo. Nossa existência trata de mostrar a existência de Deus ou, mais especificamente, trata de demonstrar a glória de Deus. Penso que isso significa as múltiplas perfeições de Deus — o brilho, o esplendor, a irradiação de suas multicoloridas e belíssimas perfeições. Queremos pensar, viver, agir e falar de modo a chamar a atenção sobre as multiformes perfeições de Deus. Acho que a maneira de fazermos melhor isso é quando estamos, nós mesmos, totalmente satisfeitos com essas perfeições. Elas significam para nós mais que dinheiro e mais que fama, mais que sexo ou qualquer outra coisa que possa competir por nossos afetos. Quando as pessoas nos veem valorizando Deus dessa forma, e sua glória como algo que nos satisfaz, enxergam-no como nosso tesouro. Mostre-me mais! Acho que é isso que significa glorificar a Deus por termos sido feitos à sua imagem.

O lugar no qual a glória se mostra com mais clareza é o evangelho em que Cristo morre; o Filho de Deus morre pelos pecadores. Digo isso porque, em 2Co 4.4, é dito que "o deus deste século (ou seja, Satanás) cegou os entendimentos dos incrédulos, para que lhes não resplandeça a luz do evangelho da glória de Cristo, que é a imagem de Deus". Você quer saber onde a glória de Deus brilha com mais intensidade? Ela brilha mais esplendorosamente em Cristo no evangelho. Assim, se quisermos ser plenamente conformados à sua imagem e demonstrar aos outros sua glória, há um versículo pouco antes desse que diz: "Refletindo como um espelho a glória do Senhor, somos transformados de glória em glória na mesma imagem, como pelo Espírito do Senhor" (2 Co 3.18). Isso vem do Espírito.

Assim, olhamos para Jesus, prezamo-lo como tesouro, amamos a ele e estamos sendo moldados segundo a sua imagem.

Quando Deus diz que nos fez para isso, homem e mulher, isso não somente significa que queremos que as gerações continuem a fazer isso para que haja procriação aqui; quer dizer também que isso acontece melhor em comunidade. Não é bom que o homem esteja só. Em quem ele iria glorificar a Deus? Essa pequena comunidade criada no princípio como macho e fêmea representa a comunidade em que a glória de Deus irradia de volta um ao outro e, então, para fora, para o mundo.

Vamos fazer isso juntos. Vamos ajudar uns aos outros a glorificar a Deus.

Oração

Criador de tudo, ajuda-nos a não perder de vista que nós, assim como todo ser humano que fizeste, fomos criados à tua imagem. Jamais permita que duvidemos disso. Jamais permita que duvidemos disso em relação a qualquer outro homem ou mulher, pois fazer isso nega a glória que é devida a teu nome. Tua imagem vista em nós testifica que pertencemos a ti, de corpo e alma. Amém.

Pergunta 5

O que mais Deus criou?

Deus criou todas as coisas por sua poderosa Palavra, e toda a sua criação era muito boa; tudo vicejava sob seu amoroso governo.

GÊNESIS 1.31

E viu Deus tudo quanto tinha feito, e eis que era muito bom...

Comentários

JOÃO CALVINO

Deus nos deu, por todo o arcabouço deste mundo, claras evidências de sua eterna sabedoria, bondade e poder; e, embora, ele em si mesmo seja invisível, de certa maneira torna-se visível a nós por suas obras.

É correto, portanto, dizer que este mundo deva ser chamado espelho da divindade; não que haja suficiente clareza para o homem obter pleno conhecimento de Deus, ao olhar para o mundo, mas o fato de que ele se revelou até aqui, de modo que a ignorância dos ímpios seja indesculpável. Ora, os fiéis a quem ele deu olhos enxergam vislumbres de sua glória, brilhando em tudo que foi criado. Sem dúvida, o mundo foi feito para ser o teatro da glória divina.[6]

R. KENT HUGHES

Às vezes, inicio meu tempo pessoal de oração e devoção refletindo sobre o tamanho do universo, que, de tão imenso, confunde nossa mente — que nossa própria pequena galáxia tem cem mil estrelas, existem centenas de milhões a mais de galáxias, cada qual com cem milhões de estrelas, que nossa galáxia e cada uma dessas galáxias está a cem anos-luz de amplidão e que há três milhões de anos-luz entre cada uma dessas galáxias. Algo absolutamente fenomenal e surpreendente!

A primeira linha do Antigo Testamento diz: "No princípio, criou Deus os céus e a terra" (Gn 1.1). Ora, quando ele justapõe duas palavras — *céus e terra* —, dois opostos, quer dizer que ele criou tudo. Assim, poderíamos ler isso como: "No princípio, Deus criou o cosmos". E, então, ele viu que era bom, mas disse ainda mais que isso. Disse que era *muito* bom.

Quando chegamos ao Novo Testamento e à revelação mais completa de Jesus Cristo, aprendemos que o cosmos foi criado pelo próprio Cristo. A frase inicial do Evangelho de João diz assim: "No princípio, era o Verbo, e o Verbo estava com Deus, e o Verbo era Deus. Ele estava no princípio com Deus. Todas as coisas foram feitas por ele e, sem ele, nada do que foi feito se fez". Temos aí o Cristo cósmico, o Criador de todas as coisas. De fato, o apóstolo Paulo reúne ambos em 1 Coríntios 8.6, onde diz que nossa existência se deve ao único Deus e Pai e ao único Senhor Jesus Cristo. Toda a nossa existência depende deles.

Chegamos, então, ao belíssimo e incrível cântico lírico de Colossenses 1.16–17, que fala de Jesus: "Porque nele foram criadas todas as coisas que há nos céus e na terra, visíveis e invisíveis, sejam tronos, sejam dominações, sejam principados, sejam potestades. Tudo foi criado por ele e para ele. E ele é antes de todas as coisas, e todas as coisas subsistem por ele".

Com frequência imagino que, se eu fosse comandante da nave *Enterprise*, de *Jornada nas estrelas*, e pudesse viajar para fora de nossa galáxia e atravessar a Via Láctea, para, então, zarpar à velocidade *warp 8*, para que as galáxias passassem voando como postes de cerca, finalmente chegando ao verdadeiro fim do universo, virar à direita e encontrar um pedaço de poeira estelar, isso teria de ser criado por Cristo e sustentado por Cristo. Tudo foi feito por Cristo. Os fogos de Arcturo, o fogo que acende o vaga-lume, todas as tessituras, todas as formas, as coisas do céu, as coisas da terra, as coisas debaixo da terra, as coisas sob o mar, tudo é criado e sustentado por ele.

Isso significa que, como ele é Criador de todas as coisas, tudo está sob seu amoroso e benévolo cuidado. Precisamos ter em mente que, como seres humanos, o ápice da criação, fomos feitos à imagem de Deus. Mas, como pessoas regeneradas, também temos a imagem de Cristo. Isso quer dizer que podemos descansar em sua bondade, no grande poder da criação, pois ele controla toda a vida, e nele podemos florescer.

Oração

Senhor que Falou, fazendo o Mundo vir a Existir, maravilhamo-nos em tua criação, mesmo que ela tenha sido corrompida. Tua beleza se revela no esplendor das estrelas. Teu poder é demonstrado na força do furacão. Tua ordem é exibida nas leis da matemática. Todo ser que respira deve louvar ao Senhor pelas obras de suas mãos! Amém.

Pergunta 6

Como glorificamos a Deus?

Glorificamos a Deus quando nos alegramos nele, amando-o, confiando nele e obedecendo à sua vontade, aos seus mandamentos e à sua lei.

DEUTERONÔMIO 11.1

Amarás, pois, ao SENHOR teu Deus, e guardarás as suas ordenanças, e os seus estatutos, e os seus juízos, e os seus mandamentos, todos os dias.

Comentários

RICHARD SIBBES

Como recebemos tudo de Deus, devemos depositar tudo a seus pés, dizendo: "Não viverei em um curso de pecado que não esteja no favor de meu Deus". A verdadeira liberdade só é encontrada quando, pelo Espírito, o coração estiver renovado, alargado, e se tornar submisso a Deus em Cristo. Um homem está em suave estado quando seu coração estiver sujeito a Deus, atraído por ele, pois o Deus de toda graça o põe em liberdade. Deus fará com que nosso alvo seja a sua glória e, então, concederá graça e glória também sobre nós.[7]

BRYAN CHAPELL

Como podemos glorificar a Deus? Fazendo o que ele disse e crendo no que ele disse.

Se considerarmos o que significa glorificar a Deus ao fazermos o que ele disse, temos de lembrar o que ele afirmou ser o principal mandamento: que o amássemos *sobre todas as coisas* e que andássemos com ele *por tudo*. Afinal, o Senhor Jesus disse: "Ame-me de todo coração, alma, mente e força. Este é o primeiro e maior mandamento. O segundo é semelhante a este: ame seu próximo como você ama a si mesmo".

Se realmente desejamos honrar o Salvador, faremos conforme ele disse. Isso quer dizer não somente obedecer porque ele está "no nosso pé". Realmente não é isso. É compreender quão grande é seu amor por nós, a ponto de, por amor a ele, querermos andar com ele. Esse entendimento começa quando dizemos: "Entendo que ele nos amou tanto que meu coração responde em amor por ele".

Ao fazer isso, não estou honrando a Deus com um senso de *Ah, não, ele vai me pegar se eu não fizer isso*. Isso significaria que eu poderia obedecer a ele, mas não teria alegria nele. Não, o verdadeiro amor a Deus significa que me deleito em sua lei. Entendo o que Deus me deu quando ele diz: "Ande comigo" e reconheço que esse caminho é seguro e bom na vida. É realmente disso que os mandamentos de Deus tratam. Explicam, conforme ele mostra seu caráter e cuidado, que ele nos deu esse caminho seguro na vida. Claro, se sairmos desse caminho, sofreremos as consequências, porque esse é o caminho seguro e bom, mas não permanecemos nele por acharmos que, de algum jeito, isso faz com que mereçamos seu afeto. Pelo contrário, entendemos, conforme ele mostrou por meio de Cristo e especificamente pelo sacrifício de nosso Senhor por nós, como é grande seu amor. Quando entendemos que a lei, ou os mandamentos, ecoam o caráter de Deus e seu cuidado por nós, deleitamo-nos em andar em seu caminho, pois isso nos permite experimentar a bondade de nosso Deus. Isso significa que, não importa o que eu tenha de enfrentar, amo a Deus em toda a vida, e desejo andar com ele por toda a vida. Dessa forma, honro seu coração — eu o glorifico porque ele me amou com tão grande amor — e demonstro meu amor por ele andando no caminho, não somente por obrigação, mas com o senso de gozar de sua bondade por meu coração e minha vida.

Tantas vezes as pessoas acham que estão glorificando a Deus porque estão curvando os pescoços e fazendo as coisas horríveis que odeiam porque, de outra forma, Deus irá feri-las. Às vezes fazem as coisas que acham que Deus quer para que ele lhes dê mais do que é bom. Mas ambos esses "egoísmos santificados" — faço isso para que eu seja protegido ou promovido — não significam realmente amor por Deus. Quando entendemos que Deus deu seu Filho por mim, que ele me mostra seu caráter e cuidado, então entendo que amar a Deus e ter prazer nele significam que ficarei feliz em andar sobre aquilo que provê o bom e seguro caminho para minha vida.

Andarei com ele e o amarei em tudo que ele exige, porque, ao fazê-lo, terei prazer no caminho que ele projetou para a melhor vida que deseja me dar.

Oração

Gracioso Senhor, queremos conhecer-te plenamente e ter pleno prazer em ti. Abre nossos olhos para podermos ver-te como tu és, para que confiemos em ti e ansiemos com tudo que somos por guardar teus mandamentos. Quer por pequenos atos de bondade, quer por grande coragem, que cada ato de obediência traga glória somente a ti! Amém.

Pergunta 7

O que a lei de Deus requer?

A lei de Deus requer obediência pessoal, perfeita e perpétua; que amemos a Deus de todo coração, alma, mente e força; e amemos o próximo como a nós mesmos. O que Deus proíbe nunca deve ser feito e o que Deus ordena que sempre seja feito.

MATEUS 22.37–40

E Jesus disse-lhe: Amarás o Senhor teu Deus de todo o teu coração, e de toda a tua alma, e de todo o teu pensamento. Este é o primeiro e grande mandamento. E o segundo, semelhante a este, é: Amarás o teu próximo como a ti mesmo. Desses dois mandamentos, dependem toda a lei e os profetas.

Comentários

JOHN WESLEY

Amar o Senhor Deus de todo coração, mente, alma e força é o primeiro grande ramo da justiça cristã. Tereis prazer no Senhor vosso Deus; buscando e encontrando toda felicidade nele. Ouvireis e cumprireis sua palavra, "Meu filho, dá-me o teu coração". Tendo entregue tua alma mais interior, para ser, sem rival, governada ali, poderás clamar na plenitude de teu coração: "Eu te amarei Senhor, minha força. O Senhor é minha rocha firme; meu Salvador, meu Deus, em quem confio". O segundo mandamento, o segundo grande ramo da justiça cristã, está conectado estreita e indissociavelmente ao primeiro: "Amarás teu próximo como a ti mesmo". Amor— abrace com a mais terna boa vontade, o mais sincero e cordial afeto, os mais inflamados desejos de evitar ou remover todo mal e trazer todo bem possível. Teu próximo — não somente os amigos, parentes ou conhecidos; não apenas os que são virtuosos e que nos apreciam, que nos estendem ou devolvem bondade, mas toda pessoa, sem excluir aquelas que nunca vimos ou conhecemos pelo nome; sem excluir aquelas que sabemos ser más e ingratas, ou que nos caluniam. Até mesmo aquelas que devemos amar como a nós mesmos com a mesma sede invariável por sua própria felicidade. Use o mesmo cuidado infatigável para protegê-las do que poderia entristecer ou ferir sua alma ou seu corpo. Isso é amor.[8]

JUAN SANCHEZ

Quando se pergunta: "O que a lei de Deus requer?", a resposta breve é *obediência perfeita*. Ora, isso soa desanimador, mas temos de entender o contexto no qual a lei foi dada. Foi dada em contexto de graça, da iniciativa salvadora de Deus. Quando Deus resgatou Israel do Egito, trazendo-os até o Sinai, e declarou: "Se obedecerdes à minha voz e guardardes minha aliança", ele disse essencialmente: "Serei vosso Deus e vós sereis meus filhos". O contexto da lei é a iniciativa salvadora de Deus. A obediência perfeita que a lei demanda é uma resposta à iniciativa salvadora de Deus, a dedicação de todo o coração.

O Antigo Testamento expressa da seguinte maneira: "Amarás, pois, o SENHOR teu Deus de todo o teu coração, e de toda a tua alma, e com todas as tuas forças" (Dt 6.5). O contexto da graça motiva uma resposta de dedicação de todo o coração ao Deus que salva. É uma resposta de fé chamada amor. Esse amor flui também em amor ao próximo.

Existe apenas um problema. Não somos capazes de obedecer perfeitamente. Mas existem também as boas-novas. Em Jeremias 31, Deus diz que escreveria a lei no coração de seu povo. Em Ezequiel 36, Deus explica ainda mais: "E dar-vos-ei um coração novo, e porei dentro de vós um espírito novo; e tirarei de vossa carne o coração de pedra, e vos darei um coração de carne. E porei dentro de vós o meu Espírito, e farei que andeis segundo meus estatutos, e guardeis os meus juízos, e os observeis" (vv. 26–27). Essas promessas estão ligadas a uma nova aliança que Deus iniciaria por meio do rei prometido da linhagem de Davi. O Novo Testamento revela que o rei prometido que inaugura essa nova aliança é Jesus.

Jesus veio fazer o que nós mesmos não conseguimos. Enquanto permanecia plenamente como Deus, Jesus veio do céu e tomou sobre si nossa humanidade a fim de nos salvar (Hb 2.14–18). Como nosso representante humano, Jesus cumpriu a lei de Deus, obedecendo perfeitamente aos mandamentos de Deus, e pagando a penalidade da morte devida por todos os que quebram a lei. O evangelho anuncia que todos aqueles que confessam sua culpa de quebrar a lei de Deus e deixam seus pecados, confiando em Jesus, têm seus pecados perdoados e a obediência perfeita de Jesus é-lhes atribuída.

Por sua vida, morte, sepultamento e ressurreição, Jesus inaugurou a nova aliança com suas promessas de um novo coração (Jr 31) e a habitação do Espírito de Deus que nos dá poder (Ez 36). Nossa única esperança de cumprir o que a lei requer está no novo nascimento que foi prometido nessa nova aliança. Aqueles que nasceram de novo em nova vida em Cristo receberam um novo coração e a habitação do Espírito de Deus, que dá poder para a obediência.

As boas-novas são que, sob a nova aliança, o povo de Deus recebe poder para obedecer à lei de Deus. Mais uma vez, vemos que os mandamentos de Deus não *estabelecem* um relacionamento com Deus. A obediência é nossa *resposta* à obra salvadora de Deus. É uma resposta amável de fé. Deus nos salvou em Jesus Cristo, e nós respondemos confiando nele em amável obediência.

Oração

Grande Doador da Lei, tu tens falado uma perfeita lei, e mereces perfeita obediência. Que não pensemos que tua lei requer apenas submissão externa, pois ela exige plena concordância de nossas mentes e nossos corações. Quem está apto a tal tarefa? Confessamos que nós estamos aquém do cumprimento de tua lei. Amém.

Pergunta 8

Qual é a lei de Deus declarada nos Dez Mandamentos?

Não terás outros deuses diante de mim. Não farás para ti imagens em forma de qualquer coisa acima no céu ou abaixo sobre a terra ou nas águas embaixo – não te curvarás a elas nem as adorarás. Não tomarás o nome do SENHOR teu Deus em vão. Lembra-te do sábado para santificá-lo. Honra teu pai e tua mãe. Não matarás. Não cometerás adultério. Não furtarás. Não darás falso testemunho. Não cobiçarás.

ÊXODO 20.3

Não terás outros deuses diante de mim.

Comentários

JOHN BUNYAN

O perigo não está apenas na quebra de um ou dois desses dez mandamentos, mas na transgressão de qualquer um deles. Como se sabe, se um rei der dez ordens específicas para que sejam cumpridas por seus súditos, sob pena de morte; ora, se algum homem transgride qualquer uma dessas dez, não comete traição como se tivesse quebrado todas, e está sujeito a ter a sentença da lei como certamente passada sobre ele, como se tivesse quebrado cada uma delas... Tais coisas são claras no tocante à lei de Deus, pois essa é uma aliança de obras: se um homem cumpre nove dos mandamentos, mas quebra apenas um deles, aquele que foi quebrado certamente o destruirá, e o impedirá de ter as alegrias do céu, como se, na verdade, ele tivesse transgredido todos... Ainda que tu cumpras essa aliança ou lei, até mesmo toda ela, por longo tempo – dez, vinte, quarenta, cinquenta ou mesmo sessenta anos, se por acaso escorregares e quebrares uma única vez antes de morrer, estarás perdido por essa aliança... Como eles estão sob o pacto da graça, certamente serão salvos por ele, mas, mesmo assim, os que estiverem sob o pacto das obras e da lei certamente serão condenados por ele ao continuar nele.[9]

JOHN YATES

Como Deus nos criou e nos ama e sabe o que é melhor para nós, dá-nos direção moral e espiritual sobre como viver da melhor forma possível. Os Dez Mandamentos são um presente do amor de Deus por nós. Claro que isso é verdadeiro quanto a toda a Escritura, mas o coração e a alma da direção de Deus se encontram nos Dez Mandamentos. Deus disse as palavras a Moisés, e elas foram ouvidas pelos filhos de Israel (Êxodo 20). Mais tarde, Moisés reafirmou os Dez Mandamentos (Deuteronômio 5). Os Dez Mandamentos devem ser memorizados, ponderados e assumidos por nós como um caminho de vida.

Jesus ensinou e esclareceu o significado mais profundo dos Dez Mandamentos por nós. Conforme explicou os Dez Mandamentos nos Evangelhos, ele ergueu a vara sobre nosso entendimento do que Deus espera de nós. Por exemplo, em Mateus 5.21, Jesus explicou o sentido do mandamento de não matar. Disse ele que, na verdade, qualquer que esteja irado contra seu irmão estará sujeito a juízo.

Os primeiros quatro mandamentos tratam de nosso relacionamento com Deus, e Jesus os resumiu como: "Amarás o Senhor teu Deus de todo o coração e de toda a tua alma e de todo o teu entendimento". Os últimos seis mandamentos tratam de nosso relacionamento com o próximo, e Jesus os resumiu como: "Amarás o próximo como a ti mesmo" (Mt 22.37, 39).

Os mandamentos são nosso tesouro. Devemos guardá-los com carinho. São um grande dom, um presente de amor de Deus. Eles nos guiam; advertem-nos; protegem-nos. Quando os guardamos, estamos mostrando a outras pessoas como Deus é. Quando falhamos em vivenciá-los, trazemos um grande mal sobre nós e desonramos nosso Criador.

Temos problema em guardar os Dez Mandamentos porque o homem nasceu preso ao pecado e ao egoísmo. Enfim, não conseguimos senão quebrar a santa lei de Deus. Quando nos tornamos novas criaturas pela fé em Cristo, recebemos a habitação do Espírito Santo. Somos libertos de ter de pecar, e recebemos a graça de guardar a lei de Deus. Guardar os mandamentos de Deus não é oneroso; ao contrário, ajuda-nos a viver em paz com Deus, com nós mesmos e com o próximo.

Aprendemos a viver os Dez Mandamentos ao reconhecer que eles são um presente de Deus a nós. É como aprender a dizer a verdade. Quando somos jovens, às vezes sentimos que temos de nos proteger, enganando os outros, não dizendo a verdade. Com o passar do tempo, aprendemos a não enganar os outros. Aprendemos a falar a verdade. Aprendemos a praticar a honestidade.

Essa é a razão pela qual os profetas amavam a lei de Deus e também o que deveria motivar-nos a fazer o mesmo. Guardar os Dez Mandamentos nos protege. Protege a sociedade. Esses princípios estão no coração de como Deus nos criou para viver.

Oração

Santo Deus, mostraste teu amor por teu povo dando-lhe teus mandamentos. Que sempre sejamos gratos por tua lei. Não nos deixaste ignorantes quanto à forma de andar no caminho da justiça. Ajuda-nos a te glorificar obedecendo a teus Dez Mandamentos. Amém.

Pergunta 9

O que Deus requer nos mandamentos primeiro, segundo e terceiro?

Primeiro, que conheçamos e confiemos em Deus como único Deus vivo e verdadeiro. Segundo, que evitemos toda idolatria e não cultuemos a Deus de modo impróprio. Terceiro, que tratemos o nome de Deus com temor e reverência, honrando também sua Palavra e suas obras.

DEUTERONÔMIO 6.13–14

Ao SENHOR, teu Deus, temerás. A ele servirás, e por seu nome jurarás.

Comentários

CHARLES HADDON SPURGEON

Deus leva os homens a ver que o Deus revelado na Escritura e manifesto na pessoa do Senhor Jesus é o Deus criador do céu e da terra. O homem forma para si um Deus segundo seu próprio gosto; se não o faz de madeira ou de pedra, o homem faz imagens do que chama de sua própria consciência, pensamento cultivado, uma divindade segundo seu gosto, que não será muito severa com suas iniquidades nem dará estrita justiça aos impenitentes. Ele rejeita Deus tal como é, elaborando outros deuses, como acha que o Ser Divino deveria ser, e diz, quanto a essas obras de sua própria imaginação: "Eis os teus deuses, ó Israel!".

Mas o Espírito Santo, quando ilumina as mentes, conduz-nos a ver que Jeová é Deus e que, além dele, não há nenhum outro. Ele ensina seu povo a conhecer que o Deus do céu e da terra é o Deus da Bíblia, um Deus cujos atributos são completamente equilibrados: misericórdia atendida por justiça, amor acompanhado de santidade, graça revestida de verdade e poder ligado a sensibilidade. Ele não é um Deus que vê o pecado com leviandade, muito menos que se agrada com ele, como supõe-se serem os deuses dos pagãos, mas é um Deus que não pode olhar a iniquidade e que jamais poupará os culpados. Essa é a grande contenda dos dias atuais entre o filósofo e o cristão. O filósofo diz: "Sim, se você quiser, um deus, mas ele tem de reunir tais características, conforme eu disponho dogmaticamente agora diante de você". O cristão, por sua vez, replica: "Nosso trabalho não é inventar um deus, mas obedecer ao único Senhor que é revelado nas Escrituras da verdade".[10]

JOHN LIN

Os primeiros três mandamentos mostram como devemos viver em relação à luz e na luz do Deus vivo único e verdadeiro.

O primeiro mandamento nos diz que não podemos ter outros deuses senão Deus. Ele tem de ser objeto exclusivo de nossa adoração, objeto máximo de nosso amor e desejo. O segundo mandamento é similar e nos diz que não devemos adorar a Deus de acordo com nosso próprio conceito de Deus, o que a Bíblia chama de *idolatria*. Devemos adorar a Deus de acordo com quem ele é, e não conforme aquilo que queremos que ele seja. Noutras palavras, não adorem falsos deuses, e não adore a Deus de modo falso.

O terceiro mandamento é, na verdade, semelhante aos dois primeiros. Não podemos usar equivocadamente o nome de Deus ou tratá-lo mal. Sabemos que o nome de Deus descreve seu caráter, a essência de seu ser, razão pela qual ele disse a Moisés que seu nome é "EU SOU". Noutras palavras, Deus diz: "Meu nome significa que sou autoexistente e eterno". Não tomar o nome de Deus em vão não significa simplesmente que existem certas palavras que possamos ou não dizer. Significa que, quando falamos de Deus, quer por palavras, quer por estilo de vida, temos de honrar plenamente e respeitar quem ele é. Consideremos um pouco mais os primeiros dois mandamentos. Digamos, por exemplo, que você crê, de todo coração, que alcançar determinado objetivo em sua vida — prestígio, um tipo de emprego, um relacionamento com a pessoa de seus sonhos — proverá conforto máximo e responderá a seus desejos do coração por significado. Cotidianamente, você olha para esse alvo a fim de lhe prover conforto mais profundo do que Deus. Isso implica quebrar o primeiro mandamento. Você fez de seu alvo um deus. Prestígio, um emprego ou uma pessoa se tornaram o objeto de sua adoração.

O aspecto negativo disso é que, quando cultuamos a Deus porque cremos que ele tem de nos prover conforto, dando-nos o prestígio, o emprego ou o relacionamento que desejamos e procuramos, violamos os mandamentos. Impomos nosso conceito de quem Deus é sobre Deus. Criamos um deus desenhado segundo o freguês, ou seja, um ídolo. Esses dois primeiros mandamentos dizem para que adoremos somente a Deus, que adoremos a Deus como verdadeiro Deus e não adoremos a um deus projetado ou inventado, um ídolo.

Por que esses mandamentos insistem para adorarmos somente a Deus e para o adorarmos como ele é, e não como queremos que ele seja? Por que o terceiro mandamento insiste tanto em honrar e respeitar seu nome e seu caráter? Porque Deus nos criou com um desejo que só ele pode satisfazer: o desejo por ele. Se estivermos sempre tentando mudar quem Deus é ou substituí-lo por outra coisa, jamais estaremos em paz. Nunca experimentaremos o verdadeiro conforto, o verdadeiro significado ou a verdadeira alegria. Jamais seremos inteiros. Mas, se Deus estiver no centro de nossas vidas – não outro deus ou uma versão revisada de Deus, mas o Deus vivo e verdadeiro –, estaremos verdadeiramente em paz.

Isso é precisamente a razão pela qual Agostinho escreveu: "Tu nos criaste para ti, e nosso coração é inquieto até que encontre descanso em ti".[11]

Oração

Único e uno Deus, teu nome está acima de todos os nomes, e chegamos diante de ti com reverência e temor. Guarda-nos fiéis aos teus mandamentos. Revela-nos quaisquer deuses falsos que estiverem em nossas vidas. Faze-nos adorar somente a ti em espírito e em verdade. Amém.

Pergunta 10

O que Deus requer nos mandamentos quarto e quinto?

No quarto, ele requer que, no dia de sábado, gastemos o tempo no culto público e privado de Deus; descansemos do trabalho rotineiro; sirvamos ao Senhor e ao próximo; e, assim, antecipemos o sábado eterno. No quinto, que amemos e honremos nosso pai e nossa mãe, submetendo-nos a sua piedosa disciplina e direção.

LEVÍTICO 19.3

Todos devem reverenciar sua mãe e seu pai, e guardar meus sábados: eu *sou* o SENHOR, seu Deus.

Comentários

JOÃO CALVINO

Agora é fácil entendermos a doutrina da lei — ou seja, de que Deus, como nosso Criador, é digno de ser considerado por nós Pai e Mestre, e, de acordo com isso, receber de nós temor, amor, reverência e glória.

Não somos de nós mesmos para seguir qualquer curso que dita a paixão; assim, devemos obedecer a ele por completo, aceitando plenamente sua boa vontade. Novamente, a Lei ensina que a justiça e a retidão são deleite, a injustiça uma abominação para ele, e, portanto, não podemos ser impiedosos e ingratos, revoltando-nos com nosso Criador. Toda a nossa vida tem de ser dedicada ao cultivo da justiça; pois, se manifestamos a reverência devida somente quando preferimos sua vontade à nossa, segue que o único serviço legítimo a ele é a prática da justiça, da pureza e da santidade. Não podemos usar como desculpa o fato de sermos devedores porque os meios se exauriram e nos deixaram sem capacidade para pagar. Não nos é permitido medir a glória de Deus por nossa capacidade, qualquer que seja; não obstante o que somos, ele permanece sempre o que é, amigo da justiça e inimigo da injustiça, e o que demanda de nós é sempre e somente o que é justo. Estamos sempre, necessariamente, na obrigação natural de obedecer.[12]

TIMOTHY KELLER

Se lermos toda a Bíblia, o Antigo e o Novo Testamentos, vemos que os mandamentos de guardar o sábado apresenta dois aspectos. Primeiro, é uma prática crucial. Em nossas vidas, somos ordenados a ter um ritmo de trabalho e descanso, e proibidos de trabalhar demais.

Também nos é mandado nutrir nossos corpos e nossas almas. Não devemos nutrir apenas os corpos. Devemos rejuvenescer nossas almas por meio da comunhão e pela oração, devoção e adoração a cada semana.

Também é verdade, contudo, que o Novo Testamento nos mostra que o dia do sábado aponta para uma forma mais profunda de descanso. Hebreus 4 em especial nos diz que, quando cremos em Cristo e em seu evangelho, descansamos de nossas obras. Isso quer dizer que o grande fardo de ter de provar a nós mesmos e ter de trabalhar para merecer nossa salvação nos é retirado. Nesta vida, obtemos muito daquele descanso mais profundo, mas ele é realizado por completo somente no futuro, nos novos céus e na nova terra. Ansiamos e desejamos isso. É algo profundamente consolador, especialmente nas horas em que estamos muito cansados.

O quinto mandamento de honrar nossos pais também deve ser lido à luz do evangelho. Diz que, como filhos, devemos obedecer aos nossos pais. Quando adultos, temos de respeitar e escutar nossos pais. Contudo, o evangelho nos lembra também que Deus é nosso Pai, pela graça fomos trazidos para dentro de sua família e ele é fonte primária de nosso amor. Se nosso principal relacionamento de *phileo* é com ele, somos capazes de amar e honrar bem a nossos pais, não esperando que nos providenciem aquilo que encontramos somente em Deus.

Oração

Pai Doador de Vida, só floresceremos quando andarmos em teus caminhos. Tu nos criaste e nos dizes que temos necessidade de descanso. Guarda-nos de nos justificar mediante obras incessantes. Dá-nos humildade para honrarmos nossos pais. Que sempre vivamos por teus mandamentos, e não por nossos próprios instintos. Amém.

Pergunta 11

O que Deus requer nos mandamentos sexto, sétimo e oitavo?

No sexto, que não firamos, odiemos ou sejamos hostis em relação a nosso próximo, mas sejamos pacientes e pacíficos, até dispensando amor aos inimigos. No sétimo, que nos abstenhamos de imoralidade sexual e vivamos com pureza e fidelidade, quer como casados, quer como solteiros, evitando todos os atos, olhares, palavras, pensamentos ou desejos impuros, bem como tudo aquilo que nos possa conduzir a tanto. No oitavo, que não tomemos, sem permissão, aquilo que pertence a outra pessoa, nem deixemos de dar qualquer bem a quem possamos beneficiar.

ROMANOS 13.9

Com efeito: Não cometerás adultério, não matarás, não furtarás, não darás falso testemunho, não cobiçarás; e, se há algum outro mandamento, tudo nesta palavra se resume a: Amarás ao teu próximo como a ti mesmo.

Comentários

MARTYN LLOYD-JONES

O homem não consegue nem guardar os Dez Mandamentos. No entanto, fala superficialmente sobre guardar o Sermão do Monte e imitar a Cristo... Se um homem não consegue guardar os Dez Mandamentos, como os entendemos, que esperança terá de guardá-los conforme foram interpretados pelo Senhor Jesus Cristo? Era esse o problema com os fariseus, que o odiaram tanto que acabaram por crucificá-lo. Pensavam estar guardando os Dez Mandamentos e a lei moral. Nosso Senhor os convenceu e os condenou pelo fato de que eles não o faziam. Eles diziam jamais ter matado. Espere aí, disse o Senhor. Se você diz a seu irmão "Você é tolo", já é culpado de matar. Matar não é só matar fisicamente; matar também significa amargura e ódio no coração... Ele ensinou o mesmo, lembre-se, no que diz respeito ao adultério. Eles diziam não ter culpa. Mas espere aí, disse nosso Senhor, vocês dizem que não cometem adultério? "Eu, porém, vos digo que qualquer que atentar numa mulher para a cobiçar já em seu coração cometeu adultério com ela" (Mt 5.28). Ele é culpado; cobiçou, desejou. Quando nosso Senhor vem interpretar a lei, mostra que um mau desejo é tão condenável quanto o ato. O pensamento e a imaginação são tão repreensíveis aos olhos de Deus quanto o ato cometido.[13]

STEPHEN UM

Os cristãos são obrigados a obedecer aos Dez Mandamentos porque o que encontramos nos Dez Mandamentos são as leis de Deus. O que encontramos na interpretação de Jesus no Sermão do Monte é que os padrões da lei são muito mais elevados do que presumíamos. Não se trata apenas de não cometer adultério, não matar e não furtar. Jesus diz, ao interpretar o sexto mandamento, que, se nutrirmos amargura, se formos incapazes de perdoar alguém, se chamarmos uma pessoa de *raca** (ou seja, considerá-la como *não pessoa*), já teremos matado

* Termo popular usado como insulto, correspondente a "vil", "desprezível". Guarda estreita conexão com a palavra *rekim*, que, em Juízes (11.3), é traduzida por "homens levianos" (N. E.).

essa pessoa no coração. Diz também que, se cobiçarmos no coração, estaremos quebrando o sétimo mandamento e cometendo adultério. Você já está sendo avarento se for materialista e não for inteiramente generoso. Assim, Jesus levanta a vara de medida dos mandamentos ao nível mais elevado.

Martinho Lutero escreveu que não é possível quebrar os demais mandamentos sem antes quebrar o primeiro.[14] Ou seja, quando quebramos os mandamentos, estamos olhando para outras coisas e atribuindo-lhes valor máximo, como se fossem nosso deus, em vez do próprio Deus.

Lutero também disse que, sempre que há uma proibição negativa nos Dez Mandamentos, uma implicação positiva se assume.[15] Assim, quando é dito que não devemos matar, isso também significa que devemos amar profundamente o próximo, até mesmo os vizinhos e os inimigos. Quando é dito para não cometer adultério, presume-se que devemos ser fiéis ao cônjuge e reconhecer a sexualidade como um belo dom de Deus. Portanto, se você estiver em um relacionamento matrimonial, deve reconhecer o compromisso pactual entre um homem e uma mulher. Quando é dito para não furtar, entendemos que devemos ser extremamente generosos.

Essas são as responsabilidades que os cristãos têm em atender aos Dez Mandamentos. Porém, o problema está no fato de que somos incapazes de obedecer a eles de forma perfeita. Como, então, resolver esse conflito?

Jesus Cristo é o segundo Adão, o verdadeiro Israel, a divina cabeça corporativa individual e representativa que veio cumprir as obrigações da lei perfeitamente em si mesmo. Sua obediência e sua justiça agora são imputadas à nossa vida, capacitando-nos a cumprir com nossas obrigações e com as demandas da lei. Mesmo quando não obedecemos perfeitamente, sabemos que não seremos esmagados pela lei, e temos confiança enquanto procuramos obedecer à lei de Deus, porque sabemos que Jesus Cristo cumpriu perfeitamente esses requisitos por nós. Portanto, podemos viver sem medo de sermos rejeitados por Deus por nossa desobediência ou falta de obediência perfeita. Sabemos que Jesus Cristo fez todas essas coisas, cumprindo perfeitamente por nós os requisitos da lei.

Oração

Fiel Pastor de nossas Almas, tu nos criaste para vivermos em amor e comunhão sobre a terra, mas nisso falhamos vez após vez. Que o teu amor reine sobre todo relacionamento, para que andemos em pureza, afastando-nos da lascívia, da cobiça e da avareza, por amor a teu nome. Amém.

Pergunta 12

O que Deus requer no nono e no décimo mandamentos?

No nono, que não mintamos ou enganemos, mas falemos a verdade com amor. NO décimo, que sejamos felizes, não invejemos ninguém nem nos ressintamos pelo que Deus tem dado a eles ou a nós.

TIAGO 2.8

Todavia, se cumprirdes, conforme a Escritura, a lei real: Amarás a teu próximo como a ti mesmo, bem fazeis.

Comentários

JOHN BRADFORD

Não dirás falso testemunho contra teu próximo. Agora tu, mui gracioso Senhor, me instruis nesse mandamento, sobre como devo usar minha língua em relação a meu próximo, e me comportar quanto ao seu nome, proibindo-me de dar falso testemunho; assim como me proíbes de cometer toda espécie de calúnia, mentira, hipocrisia e inverdade. Por quê? Porque, como somos "membros do mesmo corpo", tu queres que "falemos a verdade com amor", e sejamos cuidadosos para cobrir as fragilidades do outros e, com nossa língua, defender o nome do próximo, assim como desejamos que os outros nos defendam: pois, nesse mandamento, como tu me proíbes toda fala má e perigosa, caluniosa e mentirosa, também ordenas que eu use de toda conversa piedosa, honesta e verdadeira... Ó, como isso é grande e boa coisa para mim! Se considerarmos a dor que vem pela falta da verdade e por palavras pelas quais muitos são enganados, veríamos facilmente teu maravilhoso benefício e cuidado por nós nesse mandamento.

Não cobiçarás... Aqui, Senhor mui gracioso, tu me dás o ultimo mandamento de tua lei, que, depois de ter ensinado os atos externos que tenho de evitar, para não ofender ou arruinar meu próximo, como matar, cometer adultério, roubar e dar falso testemunho, *agora* me ensinas uma regra para meu coração, ordenando, a partir da abundância de onde procedem todas as nossas obras e palavras, que eu não cobice nada que seja do meu próximo. Com isso, sei que, se ele possuir uma casa mais bonita que a minha, não posso desejá-la para mim; se ele tiver uma esposa mais bela do que eu tenho, não posso cobiçá-la... Não posso desejar tirar dele seu boi, nem seu jumento ou seu cachorro, não, nem a posse que seja mais insignificante, tampouco praticar injustiça. Assim como fizeste nos outros mandamentos, proibindo-me de fazer mal e praticar injustiça contra meu próximo, agora me ordenas que eu cuide para não pensar qualquer mal contra ele... Disse bem o apóstolo ao ensinar: "Lançando sobre Deus todas as vossas preocupações, porque ele cuida de vós". É verdade, sim, descubro que é verdade: assim como tu "cuidas de nós", queres que "cuidemos uns dos outros".[16]

THABITI ANYABWILE

A língua é um mal incontido. Incendeia a pessoa toda, diz Tiago 3. Assim, o nono mandamento visa, em parte, refrear a língua. Visa segurar a língua com a verdade, ensinando-nos a tirar toda falsidade e deixar toda mentira. Em nossa cultura, acusar alguém de *mentir* é um insulto muito sério, de modo que muitas pessoas hesitam em usar esse termo. Creio que essa hesitação revela o coração do homem que evita esse mandamento — como também a sua necessidade desse mandamento.

O que significa quando consideramos o mandamento "não mentirás" ou a palavra *mentira* algo deselegante? Provavelmente isso indica que, de algum modo, já estamos sombreando a verdade. Já estamos recuando de dar plena expressão ao que é bom, ao que é certo e verdadeiro. Esse nono mandamento nos convence disso. Ressalta nossa condição decaída quanto ao uso da língua e a destruição que a língua representa.

Do mesmo modo, o décimo mandamento, "Não cobiçarás". Se você consegue imaginar o coração com mãos, cobiçar é como se o coração estivesse agarrando as coisas, desejando-as e apropriando-se de objetos que não lhe pertencem propriamente. O mais surpreendente e lindo em relação a esse mandamento — de fato, sobre toda a Escritura — é que, mesmo que o mandamento trate de algo interior (aquele agarramento interior do coração), também ressalta as implicações sociais desse tomar para si interior. Temos, então, que "não cobiçarás *nada que seja do teu próximo*". Nem o cônjuge do teu próximo, nem seu gado, nem coisa alguma que pertença a ele".

O décimo mandamento nos remete para um limite que nos protege contra o modo como a cobiça atravessa as linhas. Somos tentados a cruzar a linha dos desejos, de almejar as coisas que não nos pertencem. Atravessamos a linha da propriedade, tentando agarrar coisas que pertencem a outras pessoas (o boi do vizinho, a esposa do vizinho). Assim, nossa cobiça causa mal, socialmente, a nosso próximo. Nisso, há também outra linha que cruzamos. Quando cobiçamos, estamos dizendo que Deus não tratou sua criação com propriedade porque não nos deu tudo que desejamos. Assim, o coração, com seu modo caído, pecaminoso, busca coisas que não lhe pertencem e se agarra coisas que, na verdade, pertencem a outro lado da propriedade — ao próximo ou a Deus.

Tais mandamentos nos incitam, nos conclamam a dizer a verdade. Não apenas a dizer a verdade, mas a verdade dita *com amor*. Conclamam a refrear, a restringir, a canalizar o desejo por coisas que sejam justas e boas. Eles nos chamam para as coisas que Deus nos deu legitimamente para nosso prazer, para estarmos contentes com o modo que Deus usou para distribuir sua bênção, como ele governa sua criação. Chamam-nos para não sair do contentamento ao tomar coisas, pois, se o fizermos, destruiremos a sociedade, a cultura e nosso próximo. Isso é verdadeiro mesmo quando o ato de tomar aquilo que não nos pertence seja apenas uma tomada pelo coração.

Oração

Senhor de Toda Verdade, ajuda-nos a refletir tua bondade em palavra e atos. Tu sabes todas as coisas. Nada fica escondido de ti. Tu nos dás boas dádivas e não recusas nenhum bem a teus filhos. Que tua verdade esteja em nossos lábios e o contentamento esteja em nossos corações! Amém.

Pergunta 13

É possível alguém guardar perfeitamente a lei de Deus?

Desde a queda, nenhum ser humano foi capaz de guardar perfeitamente a lei de Deus, quebrando-a, constantemente, por pensamento, palavra e ato.

ROMANOS 3.10-12

Como está escrito: Não há um justo, nem um sequer.
Não há ninguém que entenda;
Não há ninguém que busque a Deus.
Todos se extraviaram, e juntamente se fizeram inúteis.
Não há quem faça o bem,
não há nem um só.

Comentários

JOHN OWEN

Como um viajante em seu caminho, ao deparar com uma tempestade de trovões e fortes chuvas, imediatamente sai do seu caminho em busca de uma casa ou uma árvore em que se abrigar, mas isso não faz com que ele desista da jornada – tão logo passe a tempestade, ele retorna ao seu caminho e volta a progredir –, assim também acontece com os homens presos ao pecado: a lei os encontra numa tempestade de trovões e claridade do céu, aterroriza-os e os impede de continuar no seu caminho; por algum tempo, isso os leva a sair de seu curso; eles correm para a oração ou por corrigir sua vida, em busca de algum abrigo do temporal de ira que temem vir sobre suas consciências. Mas detiveram-se em seu curso? Seus princípios foram alterados? Nem um pouco; pois, logo que passa a tempestade, eles retornam ao caminho no qual antes andavam, novamente a serviço do pecado.[17]

Nunca devemos imaginar que nosso trabalho em contender contra o pecado, ao crucificar, mortificar e subjugá-lo, chega ao fim. O lugar de sua habitação é insondável; quando acreditamos ter vencido totalmente nesse campo, ainda restam reservas que não vimos antes, que não conhecíamos. Muitos vencedores foram arruinados pelo descuido depois de uma vitória; muitos foram espiritualmente feridos após grandes sucessos contra o inimigo... Não há como perseguir o pecado em sua habitação insondável senão tornando-nos incansáveis nessa luta.[18]

LEO SCHUSTER

Deus nos criou para amar, ter prazer, glorificar e obedecer a ele, e, ao fazermos isso, florescermos como seres humanos. Por que, então, oferecemos tanta resistência a isso? Como a peça de um maquinário incrivelmente sofisticado que esteja quebrada, não funcionamos do modo como fomos designados, devido à queda. E o que é a queda? Deus criou os seres humanos com a capacidade de guardar perfeitamente sua lei, mas isso se perdeu quando o primeiro humano e representante da raça humana, Adão, escolheu rebelar-se e desobedecer a Deus. Caiu em condição de pecado e nos arrastou a todos com ele. A Bíblia descreve essa condição de vários modos: rebeldia espiritual, cegueira, doença, prisão e morte.

Como isso nos afeta hoje? Como resultado da queda, não somos apenas espiritualmente impedidos, mas também totalmente incapacitados. Não somos apenas fracos; não temos o poder inato para obedecer à lei de Deus ou para glorificá-lo. Estamos afastados do Criador, uns dos outros e também do restante da criação. Nessa condição espiritualmente deficiente, somos incapazes de obedecer à lei de Deus não somente por nossos atos e palavras, mas também por nossos pensamentos, atitudes e motivações. Como o profeta Jeremias afirmou: "Enganoso é o coração, e corrupto; quem o pode suportar" (17.9). Assim, permanecemos alienados e culpados diante do Deus santo do céu e da terra.

Obviamente, é bastante desanimador contemplar esse quadro, mas tal não é o final da história, mas apenas o começo. São as más noticias que ficam como pano de fundo para a espectacular boa-nova do evangelho, que traz vida e esperança. Embora sejamos incapazes de guardar a lei de Deus perfeitamente, existe Um que guardou a lei perfeitamente por nós. Jesus obedeceu fielmente a seu Pai, a ponto de morrer na cruz, para que nós, que só nele confiamos, não vivamos mais sob a culpa, o poder e a escravidão do pecado, mas sejamos libertos. Jesus disse: "Se, pois, o Filho vos libertar, verdadeiramente sereis livres" (João 8.36). Ainda que tivéssemos caído em Adão, fomos ressuscitados em Cristo. Estamos confiantes de que o Deus que ressuscitou Jesus da morte está operando amorosamente em nós e não permitirá que caiamos até aquele dia em que ele nos trará à sua eterna presença em glória, quando não teremos mais de lutar. Ali estaremos final, plena e livremente obedecendo àquele que nos criou e nos redimiu.

Oração

Santo Deus, quando deixados em nossos próprios enganos, transgredimos tua lei a cada instante. Não temos nenhuma defesa, mas temos de nos declarar culpados diante do teu trono de juízo. Tua lei nos condena e nos faz ver todas as nossas pretensões de justiça, convencendo-nos de que necessitamos desesperadamente de um Salvador. Amém.

Pergunta 14

Deus nos criou incapazes de cumprir a sua lei?

Não, mas devido à desobediência de nossos primeiros pais, Adão e Eva, toda a criação é caída; nascemos todos em pecado e culpa; somos corruptos por natureza e incapazes de guardar a lei de Deus.

ROMANOS 5.12

Portanto, como por um homem entrou o pecado no mundo e, pelo pecado, a morte, assim também a morte passou a todos os homens, por isso todos pecaram.

Comentários

ABRAHAM BOOTH

Creio que, no começo, Deus criou os céus e a terra, com todos os seus inúmeros habitantes. Por último, e nobremente conspícuo entre todas as produções supreendentemente diversificadas de seu poder supremo e sua infinita habilidade... criou o homem, e o constituiu senhor deste mundo inferior. Macho e fêmea os criou, segundo sua própria imagem e semelhança: retos, inocentes e santos; capazes de servir e glorificar a seu abundante Criador.

Sob a mesma ordem, creio, o homem não permaneceu por muito tempo nessas santas e felizes circunstâncias, pois, ao ser deixado à liberdade de sua própria vontade, transgrediu a lei que seu Criador e Soberano lhe dera. Em consequência disso, ele caiu em estado de culpa, depravação e ruína. Como ele não era apenas cabeça natural, mas também federal e representante de sua posteridade ainda não nascida, quando ele pecou, todos os seus descendentes pecaram nele e com ele caíram, sendo a culpa de seu primeiro pecado imputada – e a natureza corrupta determinada – a todos que descendem dele por geração natural. Daí que todos os homens são, por natureza, filhos da ira; adversos a tudo que é espiritualmente bom, propensos ao mal; mortos no pecado, sob a maldição da justa lei e inimigos da eterna vingança. Desse complicado estado de miséria, não existe livramento exceto por Jesus Cristo, o segundo Adão.[19]

DAVID BISGROVE

Ser pai ou mãe é uma janela escancarada para a condição humana. Por exemplo, preciso constantemente relembrar e encorajar meus filhos novos a dizer "por favor" e "obrigado" e compartilhar o que têm. Mas nunca tenho de encorajá-los a dizer "meu!" ou agarrar coisas que não lhes pertencem ou esconder brinquedos para que outros não os encontrem. Ora, de onde vem esse impulso? Aqui, a Bíblia nos ajuda porque nos dá vocabulário para expressar por que nascemos com essa disposição egoísta. Quando Deus criou Adão e Eva, criou-os à sua imagem. Isso quer dizer, entre outras coisas, que eles refletiam a sua bondade. Deus afirmava sua bondade quando olhou para sua criação, incluindo Adão e Eva, e disse: "É muito bom". Assim, Adão e Eva tinham um relacionamento perfeito com Deus. Eram capazes de amar e obedecer a ele perfeitamente. Mas, então, é-nos dito que Satanás os tentou com a mentira de que Deus não era bom, que não se pode confiar nele, que a verdadeira liberdade se encontra à parte de Deus e de sua lei. Quando Adão acreditou e agiu com base nessa mentira, Paulo nos diz em Romanos 5, o pecado entrou no mundo como um vírus entra no corpo, infectando toda a humanidade dali em diante. É por isso que, desde os meus primeiros dias, e os primeiros dias de meus filhos, e, no futuro, de seus filhos, todos nós dizemos: "É meu".

Ora, isso não quer dizer que as pessoas sejam totalmente desprovidas de bondade. Fomos feitos à imagem de Deus e, portanto, ainda somos capazes de realizar coisas boas e belas. Mas o pecado corrompeu nossa capacidade de amar e obedecer a Deus de todo coração, força e mente. O pecado infectou todas as partes que existem em nós, de modo que todos nascemos em pecado, culpados, corruptos por natureza, incapazes de guardar a lei de Deus.

Considere um exemplo. Imagine um leão faminto, e imagine colocar dois pratos de comida diante dele — um prato de carne vermelha crua e um prato de vagens perfeitamente cozidas. O leão pode escolher qualquer dos dois, mas, devido à sua natureza, vai sempre escolher a carne vermelha.

Quando Adão pecou como nosso representante, nossa natureza ficou escravizada ao pecado, de modo que não desejamos nem buscamos a Deus. Mas, quando Cristo veio, ele foi o segundo Adão e, onde o primeiro Adão falhou, o segundo Adão acertou. Onde o primeiro Adão trouxe a morte por sua desobediência e seu egoísmo, o segundo Adão, Jesus Cristo, trouxe vida mediante sua obediência e sacrifício sobre a cruz.

Oração

Misericordioso Senhor, somos corruptos por natureza. Somos filhos e filhas do primeiro Adão, desejando tudo aquilo que tu proíbes. Dá-nos uma nova natureza mediante o novo nascimento em Cristo, o segundo Adão, para que possamos guardar a tua lei no poder do Espírito Santo. Amém.

Pergunta 15

Já que ninguém consegue guardar a lei, qual é o seu propósito?

Que conheçamos a vontade e a natureza santa de Deus, e a natureza pecaminosa e desobediente de nossos corações; e, assim, nossa necessidade de um Salvador. A lei também nos ensina e exorta a viver uma vida digna de nosso Salvador.

ROMANOS 3.20

Por isso nenhuma carne será justificada diante dele pelas obras da lei, porque pela lei vem o conhecimento do pecado.

Comentários

CHARLES SIMEON

Esses pobres homens pensam que podem pregar o Evangelho sem pregar a Lei. Eu digo que eles têm de pregar a Lei, a não ser que não pretendam pregar o Evangelho. A Lei entrou para que a ofensa pudesse transparecer: proclamai-a, digo eu, com esse propósito em vossas congregações impiedosas; erguei vossas vozes como trombetas, e dizei ao povo suas transgressões, para que possais glorificar mais ao vosso honrado Mestre, ao proclamar as infinitas riquezas e a plenitude de sua grande salvação. Prega a Lei aos que creem, como sendo terminada, cancelada, estando morta para sua salvação: aponta-lhes Emanuel como quem a segura em sua mão sangrenta, dizendo: "Se me amais, guardareis os meus mandamentos".[20]

LIGON DUNCAN

A lei de Deus nos ajuda a conhecer a Deus, a nós mesmos, conhecer nossas necessidades e conhecer a vida de paz e bem-aventurança. Ajuda-nos a conhecer a Deus porque revela especificamente seu caráter e seus atributos, sua santa vontade e como ele é.

Paulo nos diz, em Romanos 1, que todos sabem o que é certo ou errado. Mas a lei de Deus nos revela especificamente o caráter de Deus e suas qualidades morais. A moralidade não é arbitrária. Deus não nos manda fazer coisas arbitrárias. Deus não requer de nós que façamos aquilo que ele mesmo não esteja preparado a fazer. Toda a moralidade está arraigada no caráter de Deus. Quando estudamos a lei, vemos uma exibição do caráter de Deus.

A lei de Deus revela a nós mesmos especialmente nossa natureza pecaminosa e nossa desobediência, nossa inclinação ao pecado. Por exemplo, quando Jesus fala com o jovem governante rico, diz: "Se queres ser perfeito, vai, vende tudo o que tens e dá-o aos pobres, e terás um tesouro no céu; e vem, e segue-me" (Mt 19.21). O jovem rico essencialmente diz a Jesus, apesar de triste: "Não posso". E parte. Ora, o que está acontecendo nessa história? Jesus estaria dizendo que temos de dar tudo que temos? Não. Mas, no caso do jovem soberano, Jesus lhe revela, pela lei de Deus, a natureza específica de seu pecado. Qual é o primeiro mandamento? Não ter outros deuses diante de mim. Ali, Deus encarnado está dizendo ao jovem soberano rico: "O que vais escolher? Teu dinheiro, tuas posses ou a mim, Deus?". O jovem rico escolheu algo acima de Deus, antes de Deus.

Isso nos leva à terceira característica que a lei nos ajuda a ver. A lei nos ajuda a entendermos nossas necessidades. Quando sabemos quem Deus é, e sabemos que não conseguimos atingir sua moral e seu caráter, quando sabemos quem somos nós, e as inclinações pecaminosas do coração, ela nos pressiona a Jesus, porque sabemos que temos necessidade de um Salvador. Esse Salvador cumpriu a lei. Ele obedeceu a ela perfeitamente, e pagou a pena que era devida. A lei nos compele ao Salvador. Aponta-nos para o Salvador. Conduz-nos ao Salvador.

É claro que a lei também nos mostra a vida de paz e bem-aventurança. Quando pensamos em obediência, muitos de nós pensamos imediatamente: "Será que tenho de fazer isso? Preciso praticar boas obras? Tenho de obedecer?". Não era essa a atitude questionadora de Jesus quanto aos mandamentos e à vontade de Deus. Na verdade, ele dizia com frequência aos discípulos: "Minha comida é fazer a vontade daquele que me enviou, e realizar sua obra" (Jo 4.34). Noutras palavras, dizia que era como lhe oferecer um banquete de sete pratos para que ele pudesse obedecer à lei de Deus, à vontade de Deus. Uma vez que fomos redimidos, uma vez que tenhamos confiado só em Jesus Cristo pela salvação conforme ele ofereceu no evangelho, a lei não é somente algo que nos remete para Cristo; ela também nos mostra como viver a vida de paz e bem-aventurança.

Quando Deus, originalmente, deu seus mandamentos a Adão e Eva no jardim, deu esses mandamentos como bênçãos. Não eram coisas sobre as quais seu amor era contingente. Ele os amou e abençoou no jardim. Sua obediência aos mandamentos era a esfera em que eles gozavam dessa bem-aventurança. Quando somos salvos por Cristo, quando somos unidos a Cristo, somos capacitados a andar de modo digno segundo o evangelho. Devemos viver de maneira semelhante ao Senhor Jesus Cristo. Ele se deleitava em obedecer a Deus. Assim, a lei de Deus nos mostra como é a vida de paz e bem-aventurança. Mostra como é viver uma vida digna do evangelho, uma vez que confiemos em Jesus Cristo.

Oração

Doador de toda boa dádiva, tua lei nos revela o que é justo. Embora ela nos condene, por meio dela sabemos quão grande é tua santidade e como é perfeito teu Filho. Embora não consigamos cumpri-la, que sempre possamos dar graças e louvor por tua lei, regozijando-nos de que temos um Salvador. Amém.

Pergunta 16

O que é pecado?

Pecado é rejeitarmos ou ignorarmos a Deus no mundo que ele criou, rebelando-nos contra ele e vivendo sem tê-lo como referencial em nossa vida, não sermos ou fazermos o que ele requer em sua lei — o que resulta em nossa morte e na desintegração de toda a criação.

1 JOÃO 3.4

Qualquer que comete pecado também comete iniquidade; porque o pecado é iniquidade.

Comentários

OSWALD CHAMBERS

O pecado é uma relação fundamental; não é fazer a coisa errada; é *ser* errado, ser, deliberada e enfaticamente, independente de Deus. A religião cristã baseia tudo na natureza positiva e radical do pecado. Outras religiões falam de pecado, mas só a Bíblia *trata* do pecado. A primeira coisa que Jesus Cristo enfrentou nos homens foi a hereditariedade do pecado e, como temos ignorado isso em nossa apresentação do Evangelho, a mensagem do Evangelho perdeu sua pungência e seu poder de entusiasmar.[21]

JOHN LIN

Uma forma muito importante de entendermos o pecado é que se trata da rebeldia contra a lei de Deus. É não fazermos o que ele requer de nós, não vivermos conforme nos chamou para viver e, assim, não sermos, em plenitude, quem Deus nos criou para ser. Pecado é viver sem a referência de Deus, não o vendo como a realidade definidora de nossas vidas, em volta de quem toda a nossa vida tem de ser centrada. Quando não vivemos como se Deus fosse quem ele é, violamos sua lei e todas as boas, amáveis e protetoras diretrizes que ele nos deu para viver melhor e mais plenamente.

Pense nisso da seguinte forma: se você fosse caminhar por um penhasco dizendo "Não preciso viver pela lei da gravidade; costumo seguir minhas próprias regras", estaria, por um lado, desobedecendo a uma regra e a um mandamento bem específico – ou seja, "Não caminhe pelo penhasco na direção do precipício". Por outro lado, também não estaria vivendo de acordo com a lei da gravidade. Estaria vivendo como se a gravidade não tivesse consequência ou importância em sua vida. Mas você não pode dizer que a lei da gravidade é arbitrária, que é injusto ter de obedecer a ela. Jamais diríamos isso, pois entendemos que a gravidade é algo sob cuja referência vivemos. É claro que existem diretrizes a serem honradas e limites que devem ser reconhecidos. Você sabe o resultado de caminhar para um precipício e tentar quebrar a lei da gravidade: morte e desintegração.

Quando não vivemos como se Deus fosse Deus, quando quebramos sua amorosa lei, quando falhamos em honrar quem ele é, quando dizemos ou deixamos implícito por nossos atos que ele não tem nenhuma consequência ou importância para nós nesta ou naquela parte de nossa vida, falhamos em ser plenamente quem Deus nos criou para ser. E isso nos leva à morte e à desintegração.

A seguinte ilustração pode ajudar. Nosso sistema solar existe em harmonia somente quando todos os planetas orbitam em volta do mesmo centro: o Sol. Se, porém, os planetas decidissem, por conta própria, sobre como fazer sua órbita, o que aconteceria? Morte e desintegração. O sistema solar, conforme o conhecemos, se desmoronaria e desintegraria, pois os planetas não estariam orbitando em torno do centro correto. Não estariam vivendo tendo o Sol como referência. Portanto, tudo desmoronaria e seria destruído.

Não viver tendo Deus como referência não apenas conduz à nossa morte e à desintegração pessoal; é a razão pela qual todo o cosmo está sujeito à morte e à desintegração. Deus criou Adão e Eva para serem o cerne e o pináculo da criação. No entanto, quando eles pecaram, a desobediência em relação à amorosa lei de Deus teve implicação não somente sobre suas vidas, como também sobre a vida de todo o cosmo.

Paulo escreve que "o salário do pecado é a morte" (Rm 6.23). O pecado leva à morte. No entanto, o evangelho diz que Jesus Cristo experimentou a morte para que pudéssemos viver. De algum modo, ele foi dilacerado na cruz, espiritualmente desmontado, para que fôssemos feitos íntegros. Ele morreu pelo nosso pecado, para que nós vivêssemos. Experimentou a morte e a desintegração. Pagou a pena por nossos pecados, para que não precisássemos pagar por eles.

Oração

Senhor do Universo, todos os teus caminhos são bons. Seguimos os caminhos de morte quando seguimos nosso próprio rumo. Ajuda-nos a ver o pecado como o veneno que é. Que tua lei, e não o espírito de rebeldia contra a lei, dê à nossa mente e à nossa vida tua forma. Amém.

Pergunta 17

O que é idolatria?

Idolatria é confiar nas coisas criadas, e não no Criador, para nossa esperança e felicidade, relevância e segurança.

ROMANOS 1.21 E 25

Porquanto, tendo conhecido a Deus, não o glorificaram como Deus, nem lhe deram graças; antes, em seus discursos se desvaneceram, e o seu coração insensato se obscureceu (...) Pois mudaram a verdade de Deus em mentira, e honraram e serviram mais a criatura do que o Criador, que é bendito eternamente. Amém.

Comentários

MARTINHO LUTERO

O que significa ter um deus? Ou melhor, o que é o deus da pessoa? Resposta: qualquer coisa em que procuremos algum bem e refúgio em nossas necessidades, isso é o que significa "deus". (...) Muitas pessoas imaginam possuir a Deus e tudo de que necessitam, desde que tenham dinheiro e posses (...) A evidência dessa afirmação surge quando as pessoas se mostram arrogantes, protegidas e orgulhosas por tais posses, mas se desesperam quando algo lhes falta ou é perdido. Repito, ter um deus significa ter algo de que o coração da pessoa dependa inteiramente.

Pergunte e examine seu próprio coração, e você descobrirá se ele abarca somente a Deus ou não. Está em seu coração esperar apenas boas coisas de Deus, especialmente quando está passando por problemas ou necessidades? Além disso, seu coração desiste e renuncia a tudo que não for de Deus? Então, você tem o único Deus verdadeiro. Mas, por outro lado, seu coração está ligado e depende de outras coisas, com a esperança de receber mais benefício e ajuda delas do que de Deus? Quando as coisas não dão certo, em vez de correr para Deus, você foge dele? Então, você tem outro deus, um falso deus, um ídolo.[22]

TIMOTHY KELLER

A última resposta do catecismo nos mostrou que o pecado é rejeitar, ignorar e rebelar-se contra Deus, não tratar Deus como Deus e não lhe dar a honra que lhe é devida. Na Bíblia, o modo mais frequente de descrever como os seres humanos fazem isso é pelo pecado da idolatria. Idolatria é amar qualquer coisa mais do que a Jesus Cristo. Idolatria é tratar qualquer coisa como mais importante que Jesus Cristo em nossa vida, para nossa felicidade, para nossa segurança e esperança ou para nossa autoestima. A razão pela qual é tão importante entendermos o pecado da idolatria é que esse pecado pode estar crescendo numa área da vida por muito tempo, chegando bem fundo e abrangendo boa parte dela, antes de mesmo de vermos, com clareza, que representam violações das leis de Deus.

Se, por exemplo, a riqueza e sua carreira se tornaram importantes demais para nós, tornaram-se nossos ídolos, e isso nos leva a trabalhar demais, até ficarmos exaustos. Pode nos levar a ser implacáveis. Pode bloquear o desenvolvimento de um coração amável e o fruto do Espírito. Pode deixar mais frágeis os relacionamentos. Pode ferir os relacionamentos familiares. Pode abalar as amizades. Todas essas coisas podem estar acontecendo há muito tempo, antes de nos darmos conta de uma mentira, de um engano ou adultério, porque a idolatria conduz a essas coisas todas.

É importante apreender isto: o pecado não é apenas fazer coisas más. É transformar as coisas boas em coisas primordiais, pois isso arruína a alma, destrói a comunidade e desonra a Deus.

Oração

Deus Criador, perdoa-nos por adorar as coisas que tu criaste. Nenhuma pessoa ou coisa deveria ser nossa esperança ou confiança. Só tu és autoexistente e todo-suficiente. Que tu sejas nosso tudo sobre tudo! Amém.

Pergunta 18

Deus permitirá que nossa desobediência e idolatria passem sem punição?

Não, todo pecado é contra a soberania, a santidade e a bondade de Deus, e contra sua justa lei, e Deus se ira com justiça quando cometemos pecados e os punirá por seu justo juízo tanto nesta vida como na vindoura.

EFÉSIOS 5.5–6

Porque bem sabeis isto: que nenhum devasso, ou impuro, ou avarento, o qual é idólatra, tem herança no reino de Cristo e de Deus. Ninguém vos engane com palavras vãs; porque, por estas coisas, vem a ira de Deus sobre os filhos da desobediência.

Comentários

CHARLES HADDON SPURGEON

Não punir os culpados seria exigir a pena do sofrimento pelos inocentes. Pense em quanta injúria e quanta injustiça seriam infligidas sobre todos os homens honestos de Londres se os ladrões jamais fossem punidos por sua malandragem. Se permitíssemos que os culpados escapassem, ilesos, isso causaria sofrimento nos inocentes. Deus, portanto, não por escolha arbitrária, mas pela necessidade de justiça, tem de nos punir por nossos erros.[23]

ALISTAIR BEGG

Quando Paulo pregou perante Félix e Drusila, tinha essencialmente três pontos: justiça, autocontrole e o juízo vindouro (Atos 24). O fato de o relacionamento de Félix e Drusila ser de adultério não fez com que Paulo deixasse de falar claramente sobre a justiça de Deus. Essa era a característica marcante de sua pregação. No final de seu discurso em Atenas, ele diz o mesmo: "[Deus] tem determinado um dia em que, com justiça, há de julgar o mundo, por meio do homem que destinou" (At 17.31). A Bíblia deixa bem claro que não escaparemos de ser identificados ou condenados ou sentenciados para sempre. Haverá, sim, um dia de pagamento.

A ideia de que Deus é bondoso demais para condenar o pecado, e que todo mundo, no fim das contas, irá para o céu, realmente não encontra base na Bíblia. A advertência de Paulo em Efésios 5 é para aqueles que professaram ter fé em Jesus, de modo que não prestarão atenção aos que sugerem outra coisa diferente daquilo que ele está lhes ensinando, ou seja, que virá este dia — um dia certo, um dia que será totalmente justo, dia em que o juízo feito será absolutamente final.

Oração

Justo Senhor, se pensamos que somos bons, enganamo-nos. Merecemos tua ira. Quebramos teus mandamentos, e não temos amado a ti de todo coração, mente e força. Só podemos pedir a justiça de Cristo e pedir que nosso castigo recaia sobre ele. Amém.

Pergunta 19

Existe como escapar do castigo e ser trazido de volta ao favor de Deus?

Sim, para satisfazer à sua justiça, o próprio Deus, por sua misericórdia, nos reconcilia com ele e nos livra do pecado e do castigo pelo pecado, por meio de um Redentor.

ISAÍAS 53.10-11

Todavia, ao SENHOR agradou moê-lo,
fazendo-o enfermar;
quando a sua alma se puser por expiação do pecado,
verá a sua posteridade, prolongará os seus dias;
e o bom prazer do SENHOR prosperará na sua mão.
Ele verá o fruto do trabalho da sua alma, e ficará satisfeito;
com o seu conhecimento, o meu servo, o justo,
justificará a muitos;
porque as iniquidades deles levará sobre si.

Comentários

JONATHAN EDWARDS

Mas haveria algo que os cristãos possam encontrar no céu ou na terra tão digno de ser objeto de sua admiração e amor, de seus desejos sinceros e ansiosos, de sua esperança e sua alegria, de seu zelo fervoroso, quanto essas coisas que nos são apresentadas no evangelho de Jesus Cristo?

Todas as virtudes do Cordeiro de Deus – sua humildade, paciência, mansidão, submissão, obediência, seu amor e sua compaixão – são exibidas à nossa vista de modo a mover os afetos de quaisquer que possam ser imaginados, pois tiveram sua maior provação, seu mais alto exercício e sua mais alta manifestação quando ele esteve sob as mais duras circunstâncias, ou seja, em seus últimos sofrimentos, inefáveis e sem paralelo, que suportou por seu terno amor e pena de nós. Ali também a natureza odiosa de nossos pecados está manifesta da forma que mais afeta; como vemos, os terríveis efeitos recaem sobre nosso Redentor, que assumiu responder por nós, sofrendo por eles. Ali temos a mais forte manifestação do ódio de Deus ao pecado, e sua ira e justiça ao puni-lo; vemos sua justiça na rigidez e na inflexibilidade dele, e sua ira em seu horror, ao castigar, de modo tão terrível, nossos pecados, naquele que era infinitamente amado por ele e que nos ama com infinito amor. Assim, Deus dispôs as coisas em nossa redenção e em suas gloriosas dispensações, a nós reveladas no evangelho, como se tudo fosse feito de maneira a ter mais alto acesso a nossos corações, em sua natureza mais terna, movendo nossos afetos com maior sensibilidade e força. Que grande razão temos, portanto, para nos humilhar até o pó por não sermos mais afetados por isso![24]

MIKA EDMONDSON

A experiência das salas de cinema simplesmente não é a mesma se as luzes não estiverem apagadas. Aprendi isso em primeira mão quando os primeiros trinta segundos de *Guerra nas estrelas: a força acorda* foram projetados, acidentalmente, em um teatro iluminado, e três rapazes irritados saíram enfurecidos, exigindo que a equipe apagasse as luzes. Um fundo escuro em contraste com uma imagem clara adiciona escala e dramaticidade à experiência como um todo.

Podemos dizer que, com o catecismo, também se passa desse modo. O juízo de Deus, justo e certo, contra nosso pecado oferece o pano de fundo escuro contra o qual a glória do evangelho reluz. Depois de entendermos a profundidade de nossa calamidade, apreciamos melhor a verdadeira magnitude do plano de Deus no sentido de nos resgatar.

O catecismo nos diz que Deus atendeu, livre e misericordiosamente, às exigências de sua justiça em nosso favor. De acordo com Isaías 53, Deus fez a vida reta de seu servo (Jesus Cristo) ser uma oferta substitutiva pelos injustos. Em obediência à vontade de Deus, Jesus Cristo teve a vida que deveríamos ter tido e, assim, cumpriu os justos requisitos da lei de Deus em nosso favor. Ele ainda teve a morte que nós deveríamos ter tido. A linguagem gráfica de Isaías do servo sendo "esmagado" e "moído" (Is 53.10) nos faz lembrar o pesado preço de nosso pecado. Sobre a cruz, Jesus suportou todo o peso da maldição de Deus contra o pecado e satisfez plenamente as exigências da justa condenação de Deus contra o pecado. Temos uma vida reta que satisfaz a justiça de Deus por nós, e sua morte de expiação que satisfaz a justiça de Deus por nós. Essa grande troca é o cerne do próprio evangelho.

Talvez o aspecto mais surpreendente da linguagem de Isaías seja que "agradou" ao Senhor fazer essa troca. De algum modo, agradou ao Senhor entregar seu Filho inocente para ser objeto de escárnio, brutalizado e crucificado. É quase impossível entender essa verdade, a não ser que compreendamos por que Deus se agradou. Com certeza, Deus não tinha prazer no pecado de Judas, que traiu Jesus, nos líderes religiosos que o odiavam, em Pilatos, que o sentenciou injustamente, ou na multidão insensata que o rejeitou. Mas Deus se agradou da obediência ativa e passiva (do sofrimento) de seu Filho, que continuou confiando em Deus e amando seu povo, apesar de todo o custo. Agradou-se de colocar sobre o Filho seu juízo, a fim de salvar seu povo pecador. Deus se agradou porque, por meio da cruz, o Filho de

Deus seria glorificado, o povo de Deus seria salvo, a justiça de Deus seria satisfeita e o amor de Deus seria revelado. A cruz não foi um trágico acidente. Era a vontade de Deus, era seu plano, salvar seu povo mediante a obra do Redentor e revelar as riquezas imensuráveis de sua gloriosa graça.

Finalmente, Deus, livre e misericordiosamente, fez essa permuta. O catecismo é cuidadoso em ressaltar que a causa de Deus castigar Jesus a fim de nos resgatar foi "pura misericórdia". Essa expressão "pura misericórdia" significa só pela graça, graça sem qualquer outra consideração. Como, celebremente, escreveu o grande pregador C. H. Spurgeon: a salvação é "toda pela graça". No entanto, embora essa graça nos prepare para evitar a impiedade, de modo algum depende de nossa obediência. Ao considerarmos os pecados que nos perturbam e as fraquezas constantes de nossas vidas, temos de nos agarrar ao aspecto de "mera graça" do evangelho. Deus não entregou seu Filho amado em vista do que obteria com as nossas vidas, mas meramente porque ele nos ama. Ora, isso é realmente uma boa-nova!

Oração

Ó, aquele que nos reconcilia, somos gratos por nos abrir um caminho. Tu tens sido perfeito, tanto em justiça como em misericórdia. Aceitamos a salvação que não merecemos. Chegamos perante ti em nome de Jesus Cristo, teu Filho amado, confiantes em seus merecimentos, e não em nossos próprios. Amém.

Pergunta 20

Quem é o Redentor?

O único Redentor é o Senhor Jesus Cristo, eterno Filho de Deus, em quem o próprio Deus tornou-se homem e suportou a penalidade do pecado.

1 TIMÓTEO 2.5

Porque há um só Deus, e um só Mediador entre Deus e os homens, Jesus Cristo.

Comentários

JOÃO CRISÓSTOMO

Filho unigênito, antes de todas as eras, que não pode ser tocado ou percebido, que é simples, sem corpo, que se revestiu agora de meu corpo, visível e propenso à corrupção. Por quê? Porque, ao vir entre nós, ele nos ensina e, ao ensinar, conduz-nos pela mão às coisas que os homens não conseguem ver. Pois, como os homens acreditam que os olhos são mais confiáveis que os ouvidos, duvidam daquilo que não conseguem ver; assim, ele decidiu mostrar-se em presença corporal, para afastar toda e qualquer dúvida... O ancião de dias tornou-se infante. Aquele que está assentado no sublime trono celestial agora está deitado numa manjedoura. Aquele que não pode ser tocado, que é simples, sem complexidade e incorpóreo agora está sujeito às mãos dos homens. Aquele que quebrou as amarras dos pecadores está agora envolto nos cueiros de um infante. Mas ele decretou que a ignomínia seja transformada em honra; que a infâmia seja revestida de glória; e que a total humilhação seja a medida de sua bondade.

Para isso, ele assumiu meu corpo, para que eu seja capaz de sua Palavra; tomando minha carne, ele me dá seu espírito; assim, ele concede e eu recebo, ele prepara para mim o tesouro da Vida. Toma meu corpo a fim de me santificar; dá-me seu Espírito, para me salvar.[25]

MARK DEVER

O Redentor é Jesus Cristo, eterno Filho de Deus. O eterno Filho de Deus tornou-se homem e viveu uma vida humana real como a nossa. Por pouco mais de trinta anos, no primeiro século d.C., ele viveu como você e eu; a única diferença é que ele sempre confiou em Deus. Confiou inteiramente em Deus. Se você consegue pensar em como ontem ou anteontem deveria ter confiado em Deus e não o fez, lembre-se de que Jesus, em todas as ocasiões, obedeceu a Deus. Ele confiou que o que Deus sabia era o melhor, que deveria seguir a vontade de seu Pai.

Quando penso em minha vida, sei que não vivi assim. Mas o Redentor, Jesus Cristo, viveu. Ele é chamado Redentor porque "redime" seu povo. Ele restabelece nosso valor.

Quando, numa loja, você *resgata* algo, entrega e recebe algum dinheiro de volta por isso. Quando eu era menino, havia selos de redenção. Nós guardávamos os selos até ter o suficiente para entregá-los e receber alguma mercadoria em troca. Bem, é Jesus quem estabelece nosso valor. Ele restabelece nosso valor. Ele entrega a própria vida sobre a cruz por todos que se arrependem de seus pecados e confiam nele. Ele é nosso Redentor. Tem-nos valorizado, ainda que tenhamos jogado fora nossas vidas ao não confiarmos em nosso Pai celeste, ao não obedecermos a ele, ao não o temermos. Ele veio e entregou a própria vida em nosso lugar. Teve uma vida de confiança, e morreu como não teria de morrer, mas fez isso por amor a nós. Ele se entregou inteiramente por nós, para ser, como diz a Bíblia, nosso Redentor, aquele que nos resgata.

No Antigo Testamento, a imagem de redenção é a de Deus resgatando seu povo do Egito, arrancando-o da prisão, literalmente o tirando da escravidão. No Novo Testamento, Jesus, o Redentor, redime-nos de nosso estado natural de escravidão ao pecado, de servir a nós mesmos de forma destrutiva. Mas Deus, por seu grande amor, enviou seu Filho unigênito, que viveu uma vida perfeita, morreu na cruz e ressurgiu da morte, a fim de nos trazer para ele, de nos redimir. É isso que significa quando dizemos Jesus Cristo, nosso Redentor.

Oração

Precioso Redentor, antes de começar o mundo, tu nos amaste. Entregaste a tua glória para suportar nossa vergonha. Glorificaste teu Pai ao obedecer a ele até a cruz. Tu mereces nosso louvor, gratidão e culto. Não temos esperança senão em ti. Amém.

Segunda Parte

Cristo, Redenção, Graça

Pergunta 21

Que tipo de Redentor é necessário para nos trazer de volta a Deus?

Um redentor que seja verdadeiramente humano e também verdadeiramente Deus.

ISAÍAS 9.6

Porque um menino nos nasceu,
um filho se nos deu,
e o principado está sobre seus ombros,
e se chamará seu nome:
Maravilhoso, Conselheiro, Deus Forte,
Pai da Eternidade, Príncipe da Paz.

Comentários

AGOSTINHO DE HIPONA

Aquele que existiu como Filho de Deus antes de todas as eras, sem princípio, dispôs-se a se tornar Filho do Homem nestes anos recentes.

Ele o fez, embora não tivesse cometido nenhum mal, submetendo-se, e nós, os receptores de tanto bem de suas mãos, não temos feito nada para merecer esses benefícios. Gerado pelo Pai, ele não foi feito pelo Pai; ele foi feito Homem na Mãe, a quem ele mesmo criou, para que pudesse existir aqui por algum tempo, nascido daquela que nunca poderia existir em nenhum lugar exceto por seu poder.[26]

BRYAN CHAPELL

Por que necessitamos de um Redentor verdadeiramente humano? Uma das razões é para que ele possa identificar-se conosco. A Bíblia diz que, "porque não temos um sumo sacerdote que não possa compadecer-se das nossas fraquezas; porém, um que, como nós, em tudo foi tentado, mas sem pecado" (Hb 4.15). Ele passou pela nossa experiência e, assim, entende aquilo pelo que passamos. Ele é nosso Sumo Sacerdote. Ele entende como nós sofremos. Entendemos que Deus possa identificar-se conosco, mas, quando se identificou conosco — por ter tido uma vida difícil, por ter sido humilhado e por passar por circunstâncias humildes —, ele o fez com perfeita obediência, não duvidando do amor de seu Pai e não vacilando do caminho do Pai.

Isso quer dizer que Jesus não apenas podia identificar-se com o que experimentamos como seres humanos; ele podia tornar-se perfeito substituto para nós. Em meu pecado, estou separado de Deus. Ele é santo; eu não sou. Para que Deus seja justo e santo, ele não pode identificar-se com o meu pecado. Deus teve de prover um meio para que meu pecado fosse colocado sobre outro. Ele fez isso mandando seu Filho em semelhança humana, em forma humana, vivendo perfeitamente, de modo que pudesse ser o substituto para meu pecado.

Como Jesus viveu uma vida perfeita, quando, voluntariamente, sofreu a penalidade do meu pecado sobre a cruz, foi um substituto certo, adequado e perfeito para meu pecado e para o teu pecado. Jesus pôde identificar-se com o que passamos, mas, como viveu perfeitamente em obediência, tornou-se o substituto perfeito para nosso pecado. Porque ele tomou sobre si o nosso pecado ao se identificar conosco e, quando ressurgiu da sepultura e ascendeu ao Pai, tornou-se nosso perfeito advogado. Conhece nossas forças e nossas fraquezas. E, como ainda retém suas características e funções como humano em sua natureza divina, ainda entende toda a nossa experiência humana e conhece exatamente aquilo de que necessitamos.

Mas ele também é Deus. E, como Jesus é Deus, pode realizar os propósitos pelos quais veio ao mundo. Mesmo agora, ele pode governar nosso mundo de tal maneira que aconteça tudo que intenta para nossas vidas. Quando ele foi até a morte, por ser Deus, pôde não somente pagar totalmente o sacrifício por nosso pecado e a dívida que tínhamos, como também ressuscitar da morte. A morte não pôde vencê-lo. Porque Jesus vive, porque ele é soberano, porque é divino e ressurreto a Deus, continua advogando por nós. Mais que nosso advogado, Jesus realiza os propósitos de Deus em nossa vida. Ele é o Deus que *cumpre* tudo aquilo de que precisamos, ao mesmo tempo que é o homem que *compreende* todas as nossas necessidades e as *provê*.

Jesus, Deus perfeito, homem perfeito, é o Redentor de que precisamos, e ele realizou tudo que foi necessário ao se identificar com nossa humanidade e fazer o que Deus teve de fazer para nos salvar.

Oração

Filho de Deus e Filho do homem, por gerações foste profetizado. Somente aquele que é igualmente divino e humano poderia viver em perfeita obediência e ser sacrifício propício em nosso favor. Não há outro caminho para Deus senão por ti. Amém.

Pergunta 22

Por que o Redentor tem de ser verdadeiramente humano?

Para que, em sua natureza humana, pudesse, em nosso lugar, obedecer perfeitamente a toda a lei e sofrer o castigo pelo pecado humano; e também condoer-se de nossas fraquezas.

HEBREUS 2.17

Por isso convinha que em tudo fosse semelhante aos irmãos, para ser misericordioso e fiel sumo sacerdote naquilo que é de Deus, para expiar os pecados do povo.

Comentários

ATANÁSIO DE ALEXANDRIA

Pois o Verbo, ao perceber que, de outro modo, não seria possível desfazer a corrupção dos homens, exceto pela morte como condição necessária; e, como era impossível ao Verbo sofrer a morte, por ser imortal e Filho do Pai; com esse fim, tomou para si um corpo capaz de morrer, ou seja, ao participar do Verbo, que está acima de tudo, ser capaz de morrer no lugar de todos, e, devido ao Verbo que nele habitava, permanecer incorruptível – assim, a corrupção poderia ser cessada para todos mediante a graça da ressurreição. E, ao oferecer à morte o corpo que ele mesmo tomou, como oferta e sacrifício, livre de qualquer mácula, tirou a morte de todos os seus irmãos pela oferta de um equivalente. Por estar sobre tudo, o Verbo de Deus naturalmente, ao ofertar seu próprio templo e instrumento corpóreo pela vida de todos, satisfez a dívida com sua morte. Assim, ele, o incorruptível Filho de Deus, estando unido a todos pela natureza semelhante, revestiu a todos com sua incorrupção, pela promessa da ressurreição.[27]

THABITI ANYABWILE

Nós, seres humanos, somos de tal modo caídos, e estamos caídos há tanto tempo, que, na verdade, achamos que somos a medida do que significa ser humano. É surpreendente. Dizemos coisas como "errar é humano". Sem pensar, começamos a definir humanidade em termos desse erro, dessa condição caída, quebrada, incompleta. Mas, se definirmos a humanidade dessa forma, o que dizer em relação a Jesus? O que fazer com Jesus, que toma sobre si nossa humanidade e, mesmo assim, conforme diz a Bíblia, não tem pecado e não erra?

O que vemos em Jesus é a verdadeira humanidade. O que vemos é sua encarnação, sua vida e o ministério terreno, é o que deveria ser a humanidade, aquilo que Adão foi criado para ser, mas que arruinou com seu pecado e sua queda. Conforme Romanos 5 ensina, o primeiro homem, Adão, peca e, por seu pecado, a morte entra no mundo. Mas agora veio o segundo Adão, um verdadeiro Adão, Cristo, que é o verdadeiro homem. O que Cristo faz em sua humanidade é nada menos que surpreendente. Em sua humanidade, ele oferece a Deus tudo que nós devemos a Deus. Em sua humanidade, em sua perfeita obediência aos mandamentos de Deus, ele oferece a Deus a obediência que nós recusamos dar (e não conseguiríamos dar), devido à nossa natureza caída e pecaminosa.

É absolutamente essencial que o que vemos em Cristo seja perfeita justiça, porque ele supre essa justiça em nosso favor. Toda a justiça de que porventura necessitamos está no Filho de Deus, que tomou sobre si nossa carne, nossa semelhança, nossa natureza humana. Ele não apenas supre positivamente essa justiça, como também, sobre a cruz, nosso Salvador morre e paga a pena devida por essa humanidade. Morre em nosso lugar. Mas nós devemos a Deus não somente a justiça; como, agora, não suprimos essa justiça, também devemos a Deus nossas vidas, nossa morte, nosso sangue. Cristo assume nosso lugar e supre, para Deus, o sacrifício em nosso favor que satisfaz as exigências de justiça de Deus, bem como sua justa determinação de punir o pecado.

Assim, a fim de ser para nós o sumo sacerdote perfeito, a fim de ser oferta perfeita, Jesus tinha de ser um de nós. Teve de tomar sobre si nossa natureza e, nela, demonstrar o que é a humanidade, o que ela foi criada para ser — justa diante de Deus, obediente a Deus, adoradora de Deus em todas as coisas, amando-o plenamente. Ele também demonstra o que a humanidade deve ao pagar a pena de nosso pecado sobre a cruz do Calvário. Assim, por ser esse sumo sacerdote, um sumo sacerdote perfeito, que também se condói de nós, conhece nossos sofrimentos, nossas falhas e nossas provações, e os conhece intimamente, pois os experimentou em nossa carne, ele pode olhar a humanidade com simpatia e representar com perfeição a humanidade diante de Deus.

Assim, foi necessário que em tudo ele fosse como nós, mas sem pecar.

Oração

Fiel sumo sacerdote, tu foste tentado de todas as maneiras, mas permaneceste perfeito em tua obediência. Somos gratos porque conheces as nossas fraquezas. Guarda-nos de desculpar ou negar nossos pecados. Aceitamos alegremente tua permuta. Amém.

Pergunta 23

Por que o Redentor tem de ser verdadeiramente Deus?

Porque, em virtude de sua natureza divina, sua obediência e seu sofrimento seriam perfeitos e eficazes, e ele seria capaz de suportar a justa ira de Deus contra o pecado, embora vencendo a morte.

ATOS 2.24

Ao qual Deus ressuscitou, soltas as ânsias da morte, pois não era possível que fosse retido por ela.

Comentários

JOÃO CRISÓSTOMO

Que ninguém chore por suas iniquidades, pois o perdão brilhou mais forte da sepultura. Que ninguém tema a morte, pois a morte do Salvador nos libertou. No que ele foi cativo por ela, aniquilou-a. Ao descer ao inferno, fez cativo o inferno. Ele o enfureceu quando provou de sua carne. Isaías, ao antever isso, exclamou: O inferno ficou irado quando encontrou a ti... ficou irado porque foi abolido. Ficou irado porque foi escarnecido. Ficou irado porque foi morto, preso por cadeias. Assumiu um corpo e encontrou Deus face a face. Tomou a terra e encontrou o céu. Tomou o que era visível e caiu sobre o invisível. Ó, Morte, onde está teu aguilhão? Ó, Inferno, onde está tua vitória? Cristo ressurgiu, e tu foste vencido. Cristo ressuscitou e os demônios caíram. Cristo ressurgiu e os anjos se regozijaram. Cristo ressurgiu, vive e reina.[28]

LEO SCHUSTER

Com frequência, gostamos de enfocar os aspectos humanos de Jesus, e é importante lembrar que Jesus era plenamente humano. Mas também era totalmente Deus. O que significa que Jesus era totalmente Deus? E por que seria tão importante que ele, nosso Redentor, fosse verdadeiramente Deus?

O apóstolo João abre seu Evangelho declarando que Jesus é o eterno encarnado. E explica: "No princípio, era o Verbo, e o Verbo estava com Deus, e o Verbo era Deus... E o Verbo se fez carne, e habitou entre nós, e vimos a sua glória, como a glória do unigênito do Pai, cheio de graça e de verdade" (1.1, 14). Em sua carta aos Colossenses, o apóstolo Paulo escreve: "Porque nele habita corporalmente toda a plenitude da divindade" (Cl 2.9).

De modo similar, Jesus mesmo afirmou, inúmeras vezes, sua divindade e que era um com o Pai. Em certa ocasião, alguns de seus ouvintes entenderam o que ele estava afirmando e tentaram apedrejá-lo, explicando que o apedrejavam não por alguma boa obra, mas por blasfêmia, "porque, sendo tu homem, te fazes Deus a ti mesmo" (Jo 10.33). O livro de Apocalipse descreve Jesus como o Alfa e o Ômega, o princípio e o fim, diz o Senhor, que é, e que era, e que há de vir, o Todo-Poderoso" (1.8). Na verdade, ele não é mero homem. É verdadeiramente Deus.

Por que, então, é importante que Jesus como nosso Redentor seja verdadeiramente Deus? Nosso pecado foi cometido contra Deus. Só Deus pode perdoar uma transgressão contra ele mesmo. Foi por essa razão que alguns líderes religiosos dos dias de Jesus ficaram horrorizados quando ele disse que perdoava os pecados. Compreenderam as implicações do que ele dizia. Como um mero homem poderia perdoar os pecados que cometemos contra Deus? Um homem não pode, mas Deus pode.

Jesus tinha de ser plenamente humano para ser nosso substituto, mas precisava ser plenamente Deus para que sua obediência e seu sofrimento fossem perfeitos, para que a justiça de Deus seja completa e eternamente satisfeita.

Oração

Deus Filho, devido a nosso pecado, jamais poderíamos suportar a ira ou vencer a morte. Somente tu, o Santo, podes sofrer a justa punição pelo pecado e vencer a morte. Somos gratos por abrir para nós o caminho até Deus, para que tenhamos nele eternamente nosso prazer. Amém.

Pergunta 24

Por que foi necessário que Cristo, o Redentor, morresse?

Como a morte é o castigo pelo pecado, Cristo morreu voluntariamente em nosso lugar para nos libertar do poder e da pena do pecado e trazer-nos de volta para Deus. Por sua morte substitutiva e de expiação, somente ele nos redime do pecado e obtém para nós perdão dos pecados, justiça e vida eterna.

COLOSSENSES 1.21–22

E a vós outros também que, outrora, éreis estranhos e inimigos no entendimento pelas vossas obras malignas, agora, pois, vos reconciliou no corpo de sua carne, mediante sua morte, para apresentar-vos perante ele santos, inculpáveis e irrepreensíveis.

Comentários

ATANÁSIO DE ALEXANDRIA

Ao tomar um corpo como o nosso, porque todos os nossos corpos estavam propensos à corrupção da morte, ele entregou seu corpo à morte no lugar de todos, oferecendo-o ao Pai. Ele fez isso por genuíno amor por nós, para que, em sua morte, todos morressem e, assim, a lei da morte fosse abolida, porque cumpriu em seu corpo aquilo para o qual foi designado, anulando, desse modo, seu poder sobre os homens. Ele fez isso para que voltassem à incorrupção os homens que tinham voltado à corrupção, tornando-os vivos pela morte e pela apropriação de seu corpo, bem como pela graça de sua ressurreição. Assim, ele faria desaparecer deles a morte, como se fosse palha no fogo.[29]

MARK DEVER

Por que foi necessário que Cristo, o Redentor, morresse? Essa é uma pergunta significativa. Não sei se outras questões podem ser tão significativas quanto essa. Cristo viveu uma vida perfeita, a vida que você e eu deveríamos viver. Viveu uma vida de amor, de serviço. Viveu uma vida surpreendente de confiança no Pai Celeste. Portanto, a pergunta se impõe. Por que alguém assim deveria morrer? Por que seria moralmente necessário?

Bem, ele não teria de morrer por si mesmo. Se pensássemos apenas em Jesus, não haveria necessidade da cruz. Não, ele morreu para ser Redentor. Era essa sua vontade, e era também a vontade de seu Pai celestial que nos redimisse. Foi por sua vontade que ele entregou sua vida, que sacrificou a si mesmo, morrendo na cruz, a fim de nos resgatar da pena merecida por nós. Como Deus é bom, tem de punir o pecado. Aquilo de errado que você e eu fazemos em segredo, Deus sabe sobre isso. Deus é real. Não é apenas uma ideia. Não é apenas uma projeção de nossa imaginação. E Deus tem um compromisso tão completo com o que é bom e certo que todo pecado será castigado. Aqui é que Jesus entra. Jesus decidiu ser nosso Redentor. Era a vontade de seu Pai Celestial que ele se entregasse como sacrifício substitutivo. É uma palavra muito usada — um substituto, no lugar de, em vez de você ou de mim. Jesus é nosso substituto quando nos arrependemos de nossos pecados, quando nos desviamos deles e voltamos a confiar nele.

Por que o Redentor tinha necessidade de morrer? Porque esse foi o único jeito de você e eu podermos viver.

Oração

Salvador Expiador, somos gratos por não teres recuado, seguindo e suportando toda a morte sobre a cruz, e além. Por causa de tua morte, podemos viver eternamente. Por sabermos disso, ajuda-nos a enfrentar nossa própria morte com coragem, fé e esperança. Amém.

Pergunta 25

A morte de Cristo significa que todos os pecados podem ser perdoados?

Sim, como a morte de Cristo na cruz pagou plenamente a penalidade por nossos pecados, Deus, graciosamente, imputa a nós a justiça de Cristo, como se fosse nossa, e não mais se lembrará de nossos pecados.

2 CORÍNTIOS 5.21

Aquele que não conheceu pecado, ele o fez pecado por nós, para que nele fôssemos feitos justiça de Deus.

Comentários

RICHARD SIBBES

Embora um pecado fosse bastante para trazer condenação, o dom gratuito da graça em Cristo é sobre muitas ofensas para a justificação. Temos uma base segura para isso, pois a justiça de Cristo é a justiça de Deus e, assim, Deus a glorificará, de modo que permaneça bem para aqueles que, pela fé, aplicam-na contra seus pecados a cada dia, até que cessemos de viver e de pecar. Com esse fim, o Filho de Deus foi feito voluntariamente pecado para nos libertar. Se todos os nossos pecados colocados sobre Cristo não tiraram o amor de Deus em relação a ele, poderiam tirar o amor de Deus em relação a nós, quando, pelo sangue de Cristo, nossas almas são purificadas? Ó, misericórdia de todas as misericórdias, que... ele garanta tornar-nos seu, de modo que os anjos no céu se maravilhem com o fato de o Filho não somente assumir nossa natureza e condição miserável, como também de tomar para si nosso pecado; e fez isso para que pudéssemos, por intermédio dele, ter a audácia de estar com Deus, e agora está no céu nos representando, até voltar para nos levar para o lar com ele e nos apresentar ao Pai *como seu* para sempre![30]

ALISTAIR BEGG

Há alguns anos, quando fui diagnosticado com câncer, minha grande preocupação era que o cirurgião conseguisse retirar tudo. Realmente eu não me interessava em uma cura apenas parcial. Quando pensamos em Jesus carregando nossos pecados, o mistério e a maravilha do evangelho consistem em que ele trata de todos os nossos pecados. O que era absolutamente perfeito morreu no lugar dos pecadores, identificando-se conosco em nossa culpa e tornando-se sujeito à punição que nós sofreríamos. Quando Paulo escreve aos coríntios, diz que Deus não contava seus pecados contra eles. A razão para isso é que estavam contando-os contra *ele*. Jesus não morreu como mártir, mas como substituto. O convite do evangelho é dado a todos, mas a segurança do perdão é dada apenas para os que estão em Cristo, cujos pecados foram contados para ele.

Augustus Toplady* captou essa segurança quando escreveu:

Rocha eterna, meu Jesus,
Quero em ti me refugiar!
O teu sangue, lá na cruz,

* Tradução de M. Porto Filho, *Hinário Novo Cântico, 136* (N.T.).

Derramado em meu lugar,
Traz as bênçãos do perdão,
Gozo, paz e salvação.[31]

Pedro nos diz que os anjos, na verdade, anseiam por perscrutar isso (1Pe 1.12). O que eles observam a distância, o crente conhece perfeitamente.

A maravilha de tudo isso é que nossa desobediência está completamente coberta pela obediência do Senhor Jesus — todos os nossos pecados foram contemplados para sempre.

Oração

Pai que perdoa quando estamos cobertos pela justiça de Cristo, tu não te lembras mais de nossos pecados. Tu os colocaste tão longe quanto o leste é do oeste. Ajuda-nos a não duvidar de teu perdão, de tua misericórdia ou de teu amor, mas nos aproximar com ousadia como filhos amados. Amém.

Pergunta 26

O que mais a morte de Cristo redime?

A morte de Cristo é o começo da redenção e da renovação de toda parte da criação caída, conforme ele poderosamente dirige todas as coisas para sua própria glória e para o bem da criação.

COLOSSENSES 1.19-20

Porque aprouve a Deus que toda a plenitude nele habitasse e que, havendo feito a paz pelo sangue de sua cruz, por meio dele, reconciliasse consigo mesmo todas as coisas, quer sobre a terra, quer nos céus.

Comentários

JOHN BUNYAN

Jesus é Redentor, esse é o seu nome; ele veio ao mundo de pecadores para redimir seu povo, para redimi-lo de toda iniquidade (Tt 2.14), deste presente mundo mau, de nossas conversas vãs. Derramou seu precioso sangue para nos comprar; fomos comprados por alto preço (1 Co 6.20). Não pertencemos a nós mesmos, somos dele, comprados por seu sangue; podemos estar confiantes de que ele nos ama profundamente, pois nos comprou com preço caro; e, se não tivesse nos amado, jamais teria se entregado por nós (Gl 2.20). Esse foi o mais alto testemunho de seu amor; ele nos amou, e lavou nossos pecados em seu sangue (Ap 1.5). Ele nos redime da ira vindoura.[32]

VERNON PIERRE

Muitas fotografias têm sido tiradas do Grand Canyon. Mas nenhuma delas pode realmente lhe fazer jus. O Grand Canyon é uma daquelas maravilhas que devem ser experimentadas pessoalmente. Dá para ver isso no rosto das pessoas quando chegam à beirada e visualizam o local pela primeira vez. Não conseguem evitar o impacto imediato, causado por sua imensidade e beleza únicas. Trata-se de uma visão que inspira um verdadeiro senso de maravilha.

Mas, mesmo ali, de pé junto à beirada, olhando o Canyon, não podemos obter uma experiência plena do lugar. Quando se desce ao Cânion é que se começa a perceber que é bem maior e mais profundo, além de mais glorioso do que inicialmente se vê. A vista do Grande Cânion na borda é apenas o começo de uma visão ainda mais grandiosa que você experimenta quando viaja lá dentro.

Assim ocorre com o evangelho. Ao nos aproximarmos pela primeira vez do evangelho, temos uma visão muito linda e inspiradora — a salvação dos pecadores. Mais especificamente, Deus, por meio de Cristo, agiu graciosamente para salvar para si um povo pecador. Essas pessoas são redimidas do pecado, tornadas nova criação e adotadas para sempre na família de Deus.

É uma mensagem maravilhosa, belíssima e incrível. Ao mesmo tempo, isso é só o começo da obra salvadora, redentora e renovadora de Deus. Adentrando mais fundo no evangelho, surge um quadro mais pleno e ainda mais glorioso. Vemos que a salvação por Deus dos pecadores sempre teve a intenção de desabrochar em uma salvação mais profunda, mais ampla, que a tudo engloba, de toda a criação.

A salvação dos pecadores está no cerne do evangelho. É a fonte da qual tudo brota. Dessa fonte, flui um poderoso rio, repleto de poder de redenção e cura para cada centímetro do cosmos.

Como isso é possível? Por "seu sangue, derramado na cruz" (Cl 1.20). A criação estava em cativeiro, devido à queda do homem, trancada por trás das portas do inferno. Mas Deus se move em nossa direção e, usando a cruz de Jesus Cristo, esmaga e derruba essas portas! Por meio do trabalho gracioso de Deus, um povo – e, na verdade, toda uma criação – é libertado. Seu povo e toda a criação estão agora no reino do Filho, lugar de completa redenção e total renovação.

Tudo isso tem dois efeitos sobre nós.

1. Dá-nos esperança quanto ao futuro. A nosso redor, em tudo vemos evidências da queda, como, por exemplo, sistemas sociais injustos e declínio moral e cultural, além de terrível sofrimento e morte. A mensagem do evangelho, em sua forma mais plena, diz-nos para não nos desesperarmos, mas para termos como certo e seguro que um dia todas essas coisas serão apagadas e substituídas por paz e harmonia, com a "cura das nações" (Ap 22.2).

Tal esperança, contudo, traz consigo uma advertência, pois a criação caída inclui muitos que ainda se opõem a Deus, que continuam a rejeitar seu governo, a rejeitar aquele a quem Deus colocou para reinar, Jesus. A obra redentora do evangelho significa que todas as coisas – inclusive aqueles que se opõem ao Senhor – eventualmente serão levadas a se dobrar diante dele. A pergunta que cada pessoa enfrenta agora é se essa obra redentora será experimentada com profunda admiração e alegria ou com doloroso ranger de dentes.

2. Dá-nos motivação no presente. A criação não foi abandonada por Deus. Em vez disso, por intermédio de Jesus, foi reassumida por ele e, eventualmente, será refeita em total novidade. Será uma criação caracterizada por harmonia e paz, relacionada corretamente com Deus e com a humanidade. A Igreja de hoje é um posto que antecipa essa nova criação, sendo, inclusive, um meio primário para fazer acontecer essa nova criação.

Isso quer dizer que a Igreja não é observadora passiva no mundo. Nem é apenas uma passageira em risco de se perder no mundo, aguardando apenas ser resgatada do meio da criação, que está afundando. Na verdade, a Igreja é uma comunidade divinamente comissionada de pessoas cujos esforços fiéis neste mundo têm importância agora, enquanto proclamam e incorporam o poder redentor e renovador do evangelho.

Oração

Redentor da Criação, o mundo não será sempre como é agora, caído e gemendo pela plenitude de teu reino. Somos gratos porque, no fim, tu farás novas todas as coisas. Alegramo-nos porque tua redenção se estende ao mundo que criaste. Amém.

Pergunta 27

Assim como todas as pessoas estavam perdidas por meio de Adão, todas elas são salvas por intermédio de Cristo?

Não, somente aquelas que foram eleitas por Deus e unidas a Cristo pela fé. Mas, em sua misericórdia, ele demonstra a graça comum até mesmo em relação àquelas que não são eleitas, ao restringir os efeitos do pecado e capacitar obras de sabedoria para o bem-estar humano.

ROMANOS 5.17

Se, pela ofensa de um e por meio de um só, reinou a morte, muito mais os que recebem a abundância da graça e o dom da justiça reinarão em vida por meio de um só, a saber, Jesus Cristo.

Comentários

MARTYN LLOYD-JONES

Graça comum é o termo que se aplica àquelas bênçãos gerais que Deus dá, indiscriminadamente, a todos os homens e mulheres, conforme ele quer, não somente para agradar a seu próprio povo, mas a todas as pessoas, conforme a sua vontade. Mais uma vez, a graça comum corresponde às operações gerais do Espírito Santo, em que, mesmo sem a renovação do coração, ele exerce uma influência moral com a qual o pecado é restringido, a ordem é mantida na vida social e a justiça pública é promovida. Essa é a definição geral. Desde o início deste mundo, o Espírito Santo tem operado, e exerce influência e surte efeito sobre homens e mulheres que não são salvos e vão para a perdição. Enquanto eles viviam dessa forma neste mundo, estavam sob essas operações gerais e não salvadoras do Espírito Santo... Não era uma influência salvadora, nem redentora, mas fazia parte do propósito de Deus... Se o Espírito Santo não estivesse operando desse modo geral nos homens e nas mulheres, os seres humanos, como resultado da Queda e do pecado, se teriam dissipado para o esquecimento muito tempo atrás... Perto do que, em geral, se descreve como cultura. Por isso estou falando de artes e ciências, o interesse pelas coisas da mente, literatura, arquitetura, escultura, pintura e música. Ora, não pode haver dúvida de que é bom cultivar as artes. Não é salvífico, mas melhora as pessoas, faz com que vivam vidas melhores. De onde vêm todas essas coisas? Como explicar homens como Shakespeare ou Michelangelo? A resposta das Escrituras é que todas essas pessoas tiveram seus dons e puderam exercê-los como resultado da operação da graça comum, essa influência geral do Espírito Santo.[33]

TIMOTHY KELLER

Essa resposta específica do catecismo mostra um equilíbrio que ajuda bastante. Por um lado, aprendemos que nem todos os seres humanos serão salvos. Isso é tão claramente ensinado na Bíblia, em tantos lugares, que é impossível listar todos os textos. Mas permita-me chamar a atenção para dois deles.

Em João 6, Jesus diz: "E a vontade de quem me enviou é esta: que nenhum de todos aqueles que me deu se perca, mas que o ressuscite no último dia" (v. 39). Jesus está falando sobre vir para um número muito específico de pessoas que foram dadas a ele, e ele vai ressuscitá-las no último dia. Nem todo mundo será ressurreto naquele último dia.

Romanos 8.28–30 ensina algo similar. Paulo diz, no versículo 30, "E àqueles que predestinou, a esses também chamou; e, aos que chamou, a esses também justificou, e aos que justificou, a esses também glorificou". Note que é o mesmo número sempre. Ele não diz que alguns a quem chamou foram justificados, como se houvesse alguns chamados e outro tanto de pessoas justificadas. Não. Todos — e somente estes — que ele chamou foram justificados por ele. Todos — e somente esses — a quem ele justificou também glorificou. É um número definido. Nem todas as pessoas serão salvas.

Por outro lado, essa resposta do catecismo fala de graça comum. Richard Mouw define isso em seu livro sobre o assunto: "Existe uma graça não salvadora que opera nos alcances mais amplos da interação cultural humana, uma graça que põe em ação um desejo da parte de Deus de conceder certas bênçãos sobre todo ser humano — tanto os eleitos como os não eleitos, bênçãos que providenciam a base para os cristãos cooperarem e aprenderem com os não cristãos?"34

A resposta bíblica, em lugares como Romanos 1 e 2, é sim. Embora nem todas as pessoas serão salvas, Deus ainda dá seus dons de sabedoria e entendimento por toda a face da raça humana. Por meio da arte e por meio da ciência, e por um bom governo e de outras maneiras, Deus torna este mundo muito melhor do que seria se somente os cristãos tivessem esses dons. Assim, novamente, existe um equilíbrio muito útil que devemos buscar. De um lado, não, nem todo mundo será salvo. Não, nem todos possuem a graça salvadora de Jesus Cristo em suas vidas. Mas, por outro lado, temos de apreciar a graça comum que Deus dá para toda a raça humana. Temos de ver que Deus nos ajuda e ajuda o mundo por meio de muitas pessoas que não creem. Necessitamos apreciar essas pessoas. Temos de ser gratos por elas e respeitá-las. Esse é o equilíbrio que temos de alcançar.

Oração

Soberano Salvador, não há salvação senão em ti, e tu salvas todos que invocam teu nome. Jamais teríamos invocado teu nome se não tivesses nos tirado da morte para a vida. Não entendemos plenamente teu amor que nos elege, mas confessamos que não o merecemos, nem nós nem mais ninguém. Amém.

Pergunta 28

O que acontece depois da morte com aqueles que não foram unidos a Cristo pela fé?

No dia do juízo, eles receberão a temerosa, mas justa, sentença da condenação pronunciada contra eles. Serão lançados fora da favorável presença de Deus, para o inferno, a fim de serem castigados justa e gravemente, para sempre.

JOÃO 3.16-18, 36

Porque Deus amou o mundo de tal maneira que deu seu Filho unigênito, para que todo aquele que nele crê não pereça, mas tenha a vida eterna. Porquanto Deus enviou o seu Filho ao mundo não para que julgasse o mundo, mas para que o mundo fosse salvo por ele. Quem nele crê não é condenado; o que não crê já está condenado, porquanto não crê no unigênito Filho de Deus (...) Por isso, quem crê no Filho tem a vida eterna; o que, todavia, se mantém rebelde contra o Filho não verá a vida, mas sobre ele permanece a ira de Deus.

Comentários

J. C. RYLE

Por mais doloroso que seja o assunto do inferno, é algo sobre o qual não ouso, não posso e não tenho como me silenciar. Quem desejaria falar do fogo do inferno se Deus não tivesse falado disso? Quando Deus fala tão claramente, quem pode calar-se com segurança?

(...) Eu sei que há alguns que não acreditam na existência do inferno. Acham impossível haver um lugar assim. Pensam que é inconsistente com a misericórdia de Deus. Dizem que é uma ideia horrível demais para realmente ser verdadeira. Claro que o diabo se alegra com os pontos de vista dessas pessoas. Elas ajudam demais seu reino. Pregam sua antiga e favorita doutrina: "Certamente não morrereis".

Mas há um ponto a ser resolvido: "O que a Palavra de Deus diz?" Você crê na Bíblia? Então, acredite nisto: o *inferno é real e verdadeiro*. É tanto verdadeiro quanto o céu o é; tão verdadeiro quanto é a justificação pela fé; tão verdadeiro quanto o fato de que Cristo morreu na cruz; tão verdadeiro quanto o Mar Morto. Não existem fatos ou doutrinas dos quais tu possas duvidar legitimamente se duvidares do inferno. Desacredita no inferno e tu desfazes, desestabilizas e desamarras tudo da Escritura, imediatamente jogando de lado a Bíblia. De "não existe inferno" para "não existe Deus", há apenas uma série de passos.[35]

JOHN LIN

Um dos ensinos mais difíceis e, com frequência, incompreendidos da Bíblia é sobre o inferno ser um castigo real, consciente e eterno. E é compreensível que seja assim. Todos nós temos, em nosso meio, pessoas que não conhecem a Cristo — amigos, membros da família, vizinhos, colegas —, de modo que preferimos não pensar que o inferno possa estar em seu futuro. Na verdade, as pessoas têm sentido certo desconforto quanto à ideia do inferno através da história, porque, na superfície, parece incoerente com tudo que lemos na Bíblia sobre a misericórdia e o amor de Deus. Contudo, o ensino da Bíblia quanto ao inferno como um sofrimento consciente e eterno é inevitável. Na verdade, sem a existência do inferno, boa parte do que conhecemos sobre o amor de Deus fica questionada.

Primeiro, Jesus, o homem mais cheio de amor que já viveu na face da terra, falou sobre o inferno com mais frequência e mais vivacidade do que todos os outros autores bíblicos juntos. Descreveu-o como Geena, um monturo de lixo onde fogos queimavam constantemente, ou como as trevas externas, onde não existe iluminação, mas tão somente miséria. Na história que ele conta do rico e de Lázaro, o inferno é um lugar de sofrimento consciente e real. Jesus advertiu constantemente contra o inferno (Mt 13.41–42; Mc 9.42–48; Lc 16.19–31).

Segundo, a existência do inferno nos ajuda a entender as consequências do pecado. De algum modo, o inferno é a consequência do que nós, pessoas pecadoras, sempre quisemos: autonomia e independência de Deus. No inferno, somos privados da presença de Deus e de tudo que Deus é. Assim, no inferno não existe amor, não existe amizade, não há alegria, não há descanso, porque essas são coisas que só existem onde Deus está presente.

Mais importante, até que reconheçamos a realidade do inferno, não podemos entender verdadeiramente o significado da cruz. Noutras palavras, não conseguimos entender o amor de Deus até entendermos a realidade de sua ira. A ira de Deus é oposição e aversão a tudo que tenta destruir o que ele ama. A ira de Deus flui de seu amor pela criação. Flui de sua justiça. Ele se ira contra a avareza, o egoísmo, a injustiça e o mal, porque essas coisas são destrutivas. Deus não tolera qualquer coisa ou pessoa que seja responsável por destruir a criação e as pessoas a quem ele ama.

Pense nisso da seguinte forma. Dizer: "Eu sei que Deus me ama porque entregaria tudo por mim" é muito diferente de dizer: "Eu sei que Deus me ama porque ele *realmente entregou* tudo por mim". Um é um sentimento amável; o outro é um ato de amor. Embora seja possível tentarmos tornar Deus mais amável diminuindo a realidade do inferno ou da ira de Deus, tudo que realmente fizemos foi minimizar o amor de Deus. Sem existir um inferno de verdade, não podemos entender o preço real que Jesus pagou por nosso pecado. E, sem um preço verdadeiro pago, não existe amor real, não existe graça real e não existe verdadeiro louvor por aquilo que ele fez.

A não ser que acreditemos no inferno, nunca saberemos quanto Jesus nos amou e quanto nos valoriza. Jesus experimentou o inferno, ele mesmo, na cruz. Jesus foi separado de seu Pai. Sobre a cruz, Jesus exclamou: "Meu Deus, Meu Deus, por que me desamparaste?" (Mt 27.46). Quando Jesus perdeu o amor eterno do Pai, experimentou agonia, desintegração e isolamento maiores que qualquer coisa que qualquer um de nós poderia experimentar na eternidade no inferno. Ele tomou sobre si a solidão e a desintegração que nós merecemos. A não ser que acreditemos no inferno e vejamos o que Jesus suportou por nós, não saberemos quanto ele nos amou.

A verdadeira pergunta não é como um Deus amoroso permite que exista o inferno. A verdadeira pergunta é: se Jesus Cristo experimentaria o inferno por mim, então, verdadeiramente, deve ser um Deus de amor. A pergunta não é "Por que Deus permitiria existir o inferno?"; é "Por que Deus experimentaria o inferno *por mim*?". No entanto, foi o que ele fez.

Oração

Juiz de toda a Terra, trememos ao pensar no juízo que aguarda todos que estão fora de tua aliança. Antes que seja tarde, que aqueles a quem amamos sejam reconciliados contigo, para que não recebam o castigo que lhes pertence, que seria nosso, se não fosse por ti. Amém.

Pergunta 29

Como podemos ser salvos?

Somente pela fé em Jesus Cristo e por sua morte substitutiva e de expiação sobre a cruz. Ainda que sejamos culpados de desobedecer a Deus e sejamos ainda inclinados ao mal, Deus, sem nenhum merecimento nosso, mas somente por pura graça, imputa-nos a perfeita justiça de Cristo quando nos arrependemos e cremos nele.

EFÉSIOS 2.8-9

Porque, pela graça, sois salvos, mediante a fé. Isso não vem de vós, é dom de Deus: não de obras, para que ninguém se glorie.

Comentários

CHARLES HADDON SPURGEON

Por sermos justificados pela fé, temos paz com Deus. A consciência não mais acusa. O juízo agora decide pelo pecador, e não contra ele. A memória olha para trás, para os pecados passados, com profundo pesar, mas sem medo de qualquer penalidade que venha; Cristo pagou a dívida de seu povo até o último sinal ou til, e teve o recibo divino; a não ser que Deus seja injusto a ponto de exigir pagamento duplo por uma dívida, nenhuma alma pela qual Jesus morreu como substituto poderá ser lançada no inferno. Parece-me um dos princípios de nossa natureza esclarecida crer que Deus seja justo; cremos que deve ser assim, e isso nos dá nosso terror primeiro; mas é maravilhoso ver que, nessa mesma fé de que Deus é justo, ela se torna, enfim, o pilar de nossa confiança e paz! Se Deus é justo, eu, um pecador solitário e sem substituto, tenho de ser castigado; mas Jesus se põe em meu lugar e sofre o castigo por mim. Agora, se Deus é justo, eu, pecador, estando em Cristo, nunca poderei ser punido. Deus teria de mudar sua natureza antes que uma alma pela qual Jesus foi substituído possa sofrer, por qualquer possibilidade, a chibata da lei. Portanto, ao assumir o lugar do crente, Jesus — tendo sofrido plena equivalência da ira divina por tudo que seu povo deveria ter sofrido como resultado do pecado, o crente pode gritar com glorioso triunfo: "Quem intentará acusação contra os eleitos de Deus?". Não Deus, pois ele justificou; não Cristo, pois ele morreu, "sim, melhor, ressuscitou". Minha esperança não existe porque eu não sou pecador, mas porque sou um pecador por quem Cristo morreu; minha confiança não reside no fato de eu ser santo, mas no fato de, mesmo não sendo santo, *ele* é a minha justiça. Minha fé não repousa sobre quem eu sou, serei ou sinto, ou conheço, mas no que Cristo é, no que ele fez e naquilo que agora faz por mim. Sobre o leão da justiça, a frágil donzela da esperança cavalga como uma rainha.[36]

KEVIN DEYOUNG

Em Atos 16, Paulo e Silas estão presos quando surge um violento terremoto. Os prisioneiros vão fugir, e o carcereiro acorda totalmente desanimando ao ver todos correndo. O carcereiro está prestes a se matar, e Paulo o impede. O carcereiro faz esta pergunta muito célebre: "Senhores, o que devo fazer para ser salvo?" (v. 30). Paulo lhe dá a resposta curta, bíblica, absolutamente bela: "Crê no Senhor Jesus e serás salvo, tu e tua casa" (v. 31).

"O que devo fazer para ser salvo?" Não existe pergunta mais importante nesta vida ou na vida futura. A resposta à nossa pergunta do catecismo nos oferece um maravilhoso resumo do que significa ter fé em Cristo — o tipo de fé que salva — e de como Deus salva pela fé. Esse resumo contém duas palavras-chave. Primeiro, está a palavra inicial: *somente*. Somente pela fé em Jesus Cristo. Não seria tão controvertido falar sobre fé. As pessoas são ligadas à fé, e a crer em alguma coisa. Mas é *somente* a fé, não a fé e algo mais. Não é a fé acrescentada a tuas origens, a fé mais a tua família de origem, a fé mais quantas coisas boas consegues realizar em prol da justiça social, ou a fé mais quanto tu oras. É só fé, e é fé em Jesus Cristo — existe um objeto para a tua fé.

Muitas pessoas vão falar sem parar sobre fé e crença, e afirmam: "Eu sou uma pessoa de fé" ou "Precisamos ter fé". Mas a fé, sozinha, não significa nada. O objeto da fé é que nos salva. Não é ser uma pessoa de forte crença, ser uma pessoa sincera ou ter uma crença mística em coisas espirituais; não é nada disso que nos salva. É a fé em Jesus Cristo. Ele é o objeto da fé que nos salva. A fé é apenas o instrumento. Não é a boa obra única que Deus vê e diz: "Bem, você não tem muito a seu favor, mas tem fé, e eu realmente gosto disso". Não. A fé é o que nos une a Cristo, para ele, então, nos salvar. É o objeto que importa.

Como cresci em uma região fria do país, muitas vezes eu patinava no gelo e jogava hóquei. Eu ia, pé ante pé, no primeiro congelamento do ano, e me indagava: "Será que este gelo é bastante espesso?". Outra pessoa podia estar zarpando sobre o gelo, patinando com grande liberdade, tendo muita fé no gelo, enquanto eu ia lentamente, com fé suficiente apenas para sair no gelo. Mas o que tornava a ambos seguros? Não era o nível de fé, embora quiséssemos ter a fé intensa que zarpa sobre o gelo por aí, mas a espessura do gelo.

É o objeto sobre o qual estamos de pé que nos salva. E esse, para nós, é Jesus Cristo. Somente a fé nele.

A outra palavra crucial aqui é *imputação*. É essencial ao evangelho e à fé cristã que a vida de justiça que Cristo viveu seja *imputada a nós*. Isso quer dizer que ela é considerada nossa. É contada como nossa. É uma espécie de transferência bancária de fundos pela internet. Existe uma diferença entre uma justiça inerente a nós, infundida em nós, uma espécie de justiça que diz: "Olhe só para mim. Eu sou justo. Faço as coisas certas". Mas não estamos falando disso. Estamos falando da justiça de Cristo que está fora de nós, mas, como fomos unidos a Jesus pela fé, é contada como nossa justiça, para que Deus seja tanto o justo como o justificador dos ímpios.

Esse é o problema em Romanos 3, e é esta a boa-nova do evangelho: que, embora ainda sejamos pecadores, Deus nos justifica. Ele é justo ao fazê-lo, não por balançar uma varinha mágica ou dizer que o pecado não é uma coisa tão grande assim (dando uma piscadinha); é porque pertencemos a Cristo, e sua justiça é a nossa justiça, para que Deus seja justo e nós sejamos justificados.

Oração

Pai Misericordioso, renunciamos ao nosso orgulho e a toda pretensão de autojustiça, e nos achegamos a ti em arrependimento e fé. Confiamos que tua morte nos dá a vida. Louvamos-te pelo dom da salvação. Amém.

Pergunta 30

O que é fé em Jesus Cristo?

Fé em Jesus Cristo é reconhecer a verdade de tudo que Deus revelou em sua Palavra, confiar nele, recebê-lo e descansar somente nele para a salvação que nos é oferecida no evangelho.

GÁLATAS 2.20

Estou crucificado com Cristo; logo, já não sou eu quem vive, mas Cristo vive em mim; e esse viver que agora tenho na carne, vivo pela fé no Filho de Deus, que me amou e entregou a si mesmo por mim.

Comentários

JONATHAN EDWARDS

A melhor, mais clara e mais perfeita definição da fé que justifica, e que guarda maior consonância com a Escritura, que eu possa imaginar é esta: fé é a alma abraçar inteiramente a revelação de Jesus Cristo como nosso Salvador. A palavra *abraçar* é uma expressão metafórica, mas acho que é mais clara do que qualquer outra expressão; chama-se de crer porque crer é o primeiro ato da alma ao abraçar uma narrativa ou revelação: e abraçar, quando se está familiarizado com uma revelação ou algo que se declara, é mais propriamente chamado de crer do que de amar ou escolher. Quando se fala apenas de uma pessoa, seria mais propriamente chamado de amar. Quando se fala a respeito de um presente, uma herança ou recompensa, seria chamado de receber ou aceitar.

Essa definição poderia ter sido expressa nas seguintes palavras: fé é a alma aderir e aquiescer inteiramente à revelação de Jesus Cristo como nosso Salvador — ou fé é a alma abraçar a verdade de Deus, revelando Jesus Cristo como nosso Salvador, ou ainda fé é a alma aquiescer inteiramente e depender da verdade de Deus, revelando Cristo como nosso Salvador.

Na fé, a alma inteira concorda e confia na verdade, abraçando-a para si. Existe toda uma entrega da mente e do coração a essa revelação, fechando com ela, aderindo a ela, com a crença e com a inclinação e o afeto.[37]

JOHN YATES

Algumas vezes, indago se entendemos realmente como é grande a palavra *salvação*. O que significa ser salvo? Qual é o significado da salvação?

Quer dizer estar *seguro*. Mas também significa estar *curado*. Significa ser *perdoado*. Significa ser *adotado*. Significa *ser feito íntegro*. É uma grande palavra. Quer dizer que *somos restaurados em nosso relacionamento com Deus*. Foi-nos dada vida com Deus agora, e foi dada a dádiva da vida eterna com Deus no céu para sempre. Portanto, é muito grande a salvação. A salvação é um dom de Deus. Não é algo que ganhemos por esforço ou merecimento, ainda que esse seja o jeito que muitas pessoas pensam a esse respeito. Não é algo que possamos atingir, mas algo que temos de receber. Necessitamos entender isso desde o começo.

A salvação pode vir instantaneamente, como ocorreu com Zaqueu quando Jesus entrou em sua casa. Jesus disse: "Hoje entrou a salvação nesta casa" (Lc 19.9). Pode vir em um momento de reconhecimento e fé. Mas é algo vivido no curso de uma vida inteira. Existe uma história sobre um velho bispo inglês que caminhava por uma rua de Londres quando um pregador de rua lhe disse: "O senhor já foi salvo?". A resposta do velho é significativa. De acordo com a história, ele parou, pensou e, em seguida, disse um jeito gracioso: "Sim, eu fui salvo. Estou sendo salvo e serei salvo". O que ele quis dizer com isso? Ele quis dizer que podia olhar para trás, para um momento em que depositou sua fé em Cristo e voltou-se para ele em fé e esperança, experimentando a salvação. Mas também quis dizer que a salvação era algo que ele vivia e experimentava mais a cada dia. E também algo que ele experimentaria ainda mais plenamente quando estivesse com o Senhor na vida futura.

A salvação começa quando Deus abre nossos olhos para começar a entender quanto precisamos de Cristo. Enquanto pensamos que podemos salvar a nós mesmos, o caminho se mantém fechado. Ser salvo é como estar no meio de um afogamento e perceber que não podemos salvar a nós mesmos e alguém tem de vir resgatar-nos, e nós temos de simplesmente relaxar e permitir esse resgate, pois estamos submersos e não conseguimos nadar e, de outro jeito, vamos nos afogar. A única coisa com que consigo contribuir para a salvação é minha própria natureza pecadora. Trata-se de irmos a Deus conscientes de nossas humildes necessidades — irmos em fé, arrependidos de nossos pecados e colocando diante de Deus a percepção de que precisamos dele. Esse é o começo da salvação.

Paulo diz, em Romanos 10, que todo aquele que chamar pelo nome do Senhor será salvo. Vivemos uma era em que muitas pessoas rejeitam a ideia de que a fé em Cristo é necessária para que nos tornemos filhos de Deus e herdeiros da vida eterna. Contudo, Jesus disse: "Eu sou o caminho, e a verdade, e a vida. Ninguém vem ao Pai senão por mim". Ele é nosso caminho para a salvação.

Foi essa a mensagem dos apóstolos. Conforme Pedro pregou em Atos 4: "Não há outro nome pelo qual possamos ser salvos". A salvação vem por meio de Jesus Cristo.

Oração

Autor de nossa fé, cremos que és quem dizes ser. Tua Palavra é a verdade, e revela a ti como nossa única esperança de salvação. Cremos em tuas promessas, andando pela fé, e não pela visão. Amém.

Pergunta 31

O que cremos ser a verdadeira fé?

Tudo que nos é ensinado pelo evangelho. O Credo Apostólico expressa o que cremos com as seguintes palavras: Cremos em Deus Pai, todo-poderoso, criador do céu e da terra; e em Jesus Cristo, seu Filho unigênito, nosso Senhor, que foi concebido pelo Espírito Santo, nascido da virgem Maria, padeceu sob Pôncio Pilatos, foi crucificado, morto e sepultado. Ele desceu ao Hades. No terceiro dia, ressuscitou da morte. Ascendeu ao céu, e está assentado à destra de Deus Pai Todo-Poderoso, de onde virá para julgar os vivos e os mortos. Cremos no Espírito Santo, na santa igreja cristã, na comunhão dos santos, no perdão dos pecados, na ressurreição do corpo e na vida eterna.

JUDAS 3

Quando empregava toda a diligência em escrever-vos acerca de nossa salvação comum, foi que me senti obrigado a me corresponder convosco, exortando-vos a batalhardes diligentemente pela fé que, uma vez por todas, foi entregue aos santos.

Comentários

JOHN WESLEY

Mas o que vem a ser fé? Não uma opinião, não mais que um conjunto de palavras; nem um número qualquer de opiniões reunidas, por mais verdadeiras que sejam. Uma série de opiniões não constitui a fé cristã, assim como um colar de contas não representa a santidade cristã. Não é meramente concordar com qualquer opinião, ou com um número determinado de opiniões. Um homem pode concordar com três ou com 23 credos: ele pode concordar com todo o Antigo e com todo o Novo Testamento (pelo menos quanto àquilo que ele consegue entender), mas não ter fé cristã de modo algum... fé cristã... é a divina evidência ou convicção trabalhada no coração de que Deus se reconciliou comigo por meio de seu Filho; de que sou unido inseparavelmente com confiança nele, como gracioso Pai reconciliado, como em todas as coisas, especialmente por todas aquelas boas coisas que são invisíveis e eternas. No sentido cristão, crer é, portanto, andar na luz da eternidade; ter visão clara e confiança no Todo-Poderoso, reconciliado comigo mediante o Filho de seu amor.[38]

D. A. CARSON

"Cremos em Deus Pai, Todo-Poderoso, Criador do céu e da terra." Assim começa o universalmente conhecido Credo Apostólico. Falando estritamente, não foi formulado pelos apóstolos. Surgiu no segundo século. É chamado de Credo Apostólico porque o resumo do que é dado no credo reflete a doutrina dos apóstolos, a doutrina do Novo Testamento de forma resumida. É uma das primeiras confissões de fé cristã. Mas é tão primitiva, e tem sido usada tão amplamente por tantas denominações cristãs de todo o mundo, que é uma das raras coisas a unir todos os cristãos em uma crença comum.

Se você ler com cuidado e devagar, verá uma menção explícita ao Pai e ao Filho e ao Espírito Santo, à criação, ao nascimento virginal, à vinda de Cristo, à sua ressurreição dos mortos, quem são os cristãos, o que significa ter o Espírito Santo operando dentro de nós, e assim por diante, tudo em um breve compasso que milhões e milhões de cristãos ou memorizaram ou recitam a cada domingo, ou às vezes usam como parte de seu culto particular.

É importante relembrar que os credos são formados, pelo menos em parte, pela era em que foram formulados, não porque a Bíblia mude, mas porque as perguntas que fazemos sobre a Bíblia mudam um pouquinho de tempos em tempos. Outras declarações de credo, por exemplo, feitas na época da Reforma, no século XVI, formulam e respondem a perguntas de um modo ligeiramente diferente. Mas o Credo Apostólico é declarado regularmente pelos cristãos em todo o mundo porque foi escrito em uma época tão remota que foi usado muito antes de as divisões doutrinárias importantes se estabelecerem. Dentro dessa estrutura, habilmente ele sumariza o evangelho em poucas sentenças. De alguma forma, é uma tentativa do segundo século de recapitular o que lemos, por exemplo, nos primeiros versículos de 1 Coríntios 15, que, em si, é um credo muito simples. Paulo pergunta: O que é o evangelho? Bem, primeiro Cristo morreu por nossos pecados conforme as Escrituras e, depois, diversas coisas são acrescentadas e acrescentadas e acrescentadas, até que tenhamos um resumo das grandes boas-novas e de seu conteúdo — de que Deus, na plenitude dos tempos, enviou seu Filho para morrer na cruz, ressurgir da morte e trazer para si um vasto número de pessoas a quem Paulo chama de nova humanidade.

Portanto, quando nos ajuntamos para o culto público do Dia do Senhor e recitamos o credo, lembre-se de que, por trás dessas meras palavras, estão dois mil anos de história cristã. O credo serve para conectar os cristãos a culturas, linguagens, um espaço e um tempo em que todos dizemos, juntos, que cremos em Deus Pai, Todo-Poderoso, Criador do céu e da terra.

Oração

Criador do céu e da Terra, torna vivas para nós as surpreendentes reivindicações de nossa fé. Não permita que divorciemos a verdade teológica da história de nossa salvação, que aconteceu dentro do tempo e do espaço. Que não vacilemos em descrença, mas descansemos nossa vida sobre a verdade de que tu ressuscitas os mortos. Amém.

Pergunta 32

O que significam justificação e santificação?

Justificação significa nossa justiça declarada diante de Deus, tornada possível pela morte e a ressurreição de Cristo por nós. A santificação significa nossa justiça gradual e crescente, tornada possível pela obra do Espírito em nós.

1 PEDRO 1.1–2

Aos eleitos que são forasteiros da Dispersão... Segundo a presciência de Deus Pai, em santificação do Espírito, para a obediência e a aspersão do sangue de Jesus Cristo, graça e paz vos sejam multiplicadas.

Comentários

ABRAHAM BOOTH

Embora justificação e santificação sejam ambas bênçãos da graça, e embora sejam inseparáveis, são, contudo, atos distintos de Deus; e existe, em vários aspectos, uma grande diferença entre elas. A distinção pode ser assim expressa: a justificação respeita a pessoa em um sentido legal, é um ato único da graça e termina em uma mudança relativa, ou seja, na liberdade de ser punido e no direito à vida; a santificação, por sua vez, leva em conta o sentido físico, sendo uma obra contínua da graça, e termina em uma mudança real, quanto à qualidade tanto de hábitos como de atos. A primeira é pela justiça fora de nós; a última é pela santidade operada em nós. Aquela precede como uma causa; esta segue como um efeito. A justificação é por Cristo como sacerdote, e trata da culpa pelo pecado; a santificação é por ele como rei, e diz respeito a seu domínio. A primeira retira seu poder condenatório; a segunda, seu poder dominador. A justificação é instantânea e completa em todos os seus assuntos; a santificação é progressiva e aperfeiçoa por graus.[39]

JOHN PIPER

Justificação é o ato de Deus por meio do qual ele nos declara justos, retos ou perfeitos devido somente à fé; fomos unidos a Jesus Cristo, que é perfeito, justo e reto. Assim, a justificação é a posição legal diante de Deus, devido à união espiritual com Jesus, que vem somente pela fé. Não se opera nem se desempenha para tal posição diante de Deus. Ele nos declara perfeitos devido à nossa união com Cristo, que acontece somente pela fé.

A santificação é o ato de Deus mediante o qual ele, por seu Espírito e por sua Palavra, nos conforma pouco a pouco — ou em grandes passos — à imagem de seu Filho. Assim, estamos realmente nos tornando justos em nosso comportamento, realmente vencendo as imperfeições em nossa santificação.

Ora, eis a pergunta-chave: Como esses dois conceitos se relacionam entre si? O versículo-chave é Hebreus 10.14: "Porque, com uma única oferta, [Cristo] aperfeiçoou para sempre todos aqueles que estão sendo santificados". Pense nisso. Quem foi aperfeiçoado para todos os tempos? *Foi aperfeiçoado.* Já foi feito. Foi aperfeiçoado para sempre. Aqueles que estão s*endo* aperfeiçoados. Sendo santificados, tornados santos. Ele nos tem feito perfeitamente santos. A quem? Aqueles que *estão se tornando* santos. Isso significa que a evidência de que estamos santos ou perfeitos ou justos diante de Deus é que pela fé estamos nos tornando santos. Soa um pouco paradoxal, sei. Mas é a chave da vida cristã.

Outra forma de dizer: o poder pelo qual você luta diariamente para vencer as imperfeições na vida está na confiança de que você já foi aperfeiçoado. Se você trocar essas coisas, se pensar: "Está bem, Deus exige perfeição; em meu comportamento tenho de me tornar perfeito, para, então, Deus me olhar e dizer: 'Ele está indo bem; vamos deixá-lo ser perfeito ou contar que ele seja perfeito'". Mas é exatamente o oposto. Por causa de Cristo, nós cremos nele e no que ele fez na cruz e em sua vida perfeita. Cremos nele, e por essa fé, Deus nos une a Cristo. Sua perfeição é contada como nossa. A evidência de que estamos aperfeiçoados em Cristo é que odiamos o pecado e, a cada dia, pela fé em suas promessas, lutamos para vencer as imperfeições que existem.

Assim, minha exortação seria simplesmente esta: por favor, não confundam a ordem. O mundo inteiro entende tudo às avessas. Outras religiões entendem tudo às avessas: nossas obras e nossos esforços para vencer as imperfeições poderiam até nos levar a agradar a Deus. Mas jamais conseguiremos chegar aí desse jeito. Deus nos considera aceitáveis, torna-nos seus filhos, conta-nos como justos; e, por causa dessa justiça, passamos uma vida inteira nos tornando aquilo que já somos.

Oração

Nosso Salvador e Senhor, tu completaste a obra de nossa justificação. Tens iniciado a obra de nossa santificação, e confiamos que nos conduzirás até completá-la. Transforma-nos, dia após dia, segundo a tua semelhança, conformando-nos com teus caminhos. Amém.

Pergunta 33

Os que têm fé em Cristo devem buscar a salvação pelas próprias obras ou em outro lugar?

Não, não devem, pois tudo que é necessário à salvação se encontra em Cristo. Buscar a salvação pelas boas obras é negar que Cristo seja o único Redentor e Salvador.

GÁLATAS 2.16

Sabendo, contudo, que o homem não é justificado pelas obras da lei, mas mediante a fé em Cristo Jesus, também temos crido em Cristo Jesus, para que fôssemos justificados pela fé em Cristo, e não pelas obras da lei, pois, pelas obras da lei, ninguém será justificado.

Comentários

JOÃO CALVINO

Afirmamos que, independentemente do tipo de obra que uma pessoa faça, é considerada justa diante de Deus simplesmente com base na misericórdia gratuita; porque Deus, sem nenhum respeito às obras, adota a pessoa gratuitamente em Cristo, imputando a ela a justiça de Cristo como se fosse sua. A isso, chamamos justiça da fé, ou seja, quando uma pessoa, vazia e exaurida de toda confiança nas obras, é convencida de que a única base de sua aceitação por Deus é uma justiça que falta nela mesmo, e é emprestada de Cristo. O ponto em que o mundo se desvia (pois esse erro tem prevalecido em quase todas as eras) é imaginar que o homem, por mais parcialmente defeituoso que seja, ainda tem algum grau de merecimento do favor de Deus por suas obras... Deus nos reconcilia consigo, não por considerar nossas obras, mas somente por Cristo, e, pela adoção gratuita, torna-nos seus filhos, e não filhos da ira. Se Deus olhasse para nossas obras, não encontraria razão para nos amar. Portanto, é necessário que ele enterre nossos pecados, imputando a nós a obediência de Cristo, a qual suporta somente seu escrutínio, e nos adote como justos pelos merecimentos dele. Essa é a doutrina clara e uniforme da Escritura, "testemunhada", conforme Paulo diz, "pela lei e os profetas" (Rm 3.21).[40]

TIMOTHY KELLER

Se misturarmos fé e obras, se você disser: "Sim, preciso ter fé no que Jesus fez por mim, mas preciso também acrescentar isto ou aquilo, ou não estarei salvo", então estará dizendo que o que salva não é o que Jesus fez, mas o que você acrescentou. Isso faria com que você fosse seu próprio salvador.

Esta ilustração talvez ajude. O sr. A pediu que o sr. B lhe fizesse um armário de madeira porque o sr. B era um excelente marceneiro. O sr. B e o sr. A eram amigos, portanto o sr. B disse: "Bem, vou fazer isso muito bem... um trabalho perfeito". Assim, ele trabalhou, trabalhou e se esmerou com o armário até o ponto em que tinha sido lustrado e polido com perfeição. Ele trouxe o sr. A à sua oficina para ver, e o sr. A tomou uma lixa e disse: "Deixe que eu acrescente só uma lixada". E o sr. B disse: "Não! Está acabado. Está perfeito. Não há como acrescentar a ele sem subtrair dele".

O mesmo ocorre com a obra de Jesus Cristo, porque, quando Jesus morreu, disse: "Está consumado". Não há nada mais a acrescentar. É perfeito. Se você tenta acrescentar alguma coisa, só vai diminuir. Se disser: "Ele fez isso, mas eu preciso acrescentar isso aqui", qualquer coisa que tente acrescentar se tornará a base de sua salvação e fará com que você seja seu próprio salvador.

Os reformadores protestantes ofereceram fortes argumentos bíblicos de que não é possível misturar fé e obras; de que justificação, justiça e salvação têm de ser somente pela fé. Não vou articular mais nenhum desses argumentos; digo apenas isto: pessoalmente, eu não conseguiria viver se não fosse esse o caso. Não tenho nenhuma esperança a não ser que eu possa me levantar a cada dia e me firmar no fundamento de que

> Somente ponho a minha fé
> Na graça excelsa de Jesus,
> No sacrifício de remissão,
> No sangue do bom Redentor.[41]

É essa minha única esperança.

Oração

Deus um e único, guarda-nos de confiar em boas obras ou em viver de modo que implicitemos serem elas a base de nossa salvação. Que glorifiquemos tua graça encostando todo o nosso peso sobre isso, fincando nossas vidas na promessa de que tu és o princípio e o fim de nossa salvação. Amém.

Pergunta 34

Já que somos justificados somente pela graça, por intermédio somente de Cristo, temos ainda de fazer boas obras e obedecer à Palavra de Deus?

Sim, porque Cristo, ao nos justificar pelo seu sangue, também nos renova por seu Espírito, de modo que nossa vida mostre amor e gratidão a Deus; para que sejamos assegurados de nossa fé pelos frutos; e assim, pelo nosso comportamento piedoso, outros sejam ganhos para Cristo.

1 PEDRO 2.9-12

Vós, porém, sois raça eleita, sacerdócio real, nação santa, povo de propriedade exclusiva de Deus, a fim de proclamardes as virtudes daquele que vos chamou das trevas para sua maravilhosa luz; vós, sim, que antes não éreis povo, mas agora sois povo de Deus, que não tínheis alcançado misericórdia, mas agora alcançastes misericórdia. Amados, exorto-vos, como peregrinos e forasteiros que sois, a vos absterdes das paixões carnais, que fazem guerra contra a alma, mantendo exemplar o vosso procedimento no meio dos gentios, para que, naquilo que falam contra vós como de malfeitores, observando-vos em vossas boas obras, glorifiquem a Deus no dia da visitação.

Comentários

CHARLES HADDON SPURGEON

Assim, caros amigos, essas boas obras têm de estar no cristão. Não são a raiz, mas o fruto de sua salvação. Não são o caminho para a salvação do crente; são seu andar no caminho da salvação. Onde houver vida saudável na árvore, essa árvore produzirá frutos de acordo com sua espécie; assim, se Deus tornou boa a nossa natureza, o fruto será bom. Mas, se o fruto for mau, é porque a árvore é o que sempre foi: uma árvore má. O desejo dos homens criados novamente em Cristo é estarem livres de todo pecado. Pecamos, sim, mas não amamos o pecado. Para nossa tristeza, às vezes o pecado exerce algum poder sobre nós, mas é uma espécie de morte sentir que entramos em pecado; contudo, ele não terá domínio sobre nós, pois não estamos debaixo da lei, mas debaixo da graça. Portanto, nós o venceremos e obteremos a vitória.[42]

LIGON DUNCAN

Se a salvação é somente pela graça, somente pela fé, somente em Cristo — se somos salvos, perdoados e aceitos não com base em nossas boas obras, não por nosso merecimento, mas por aquilo que Jesus fez por nós —, existe ainda lugar para as boas obras e a obediência na vida cristã? A Bíblia responde enfaticamente: sim.

Primeiro, há lugar para as boas obras porque, na salvação, fomos salvos não somente da penalidade do pecado, mas também do poder do pecado. Na salvação, mediante a obra de Jesus Cristo, encontramos não somente perdão, mas também transformação. Somos feitos novas criaturas em Jesus Cristo. Ele nos liberta do domínio do pecado em nossa vida. Assim, a salvação pela graça não dispensa a necessidade do crescimento ou de mudança na vida cristã. Quer dizer apenas que agora mudança e crescimento são possíveis por Deus mediante o seu Espírito Santo que opera em nós.

Qual o papel da obediência à Palavra de Deus, à lei de Deus na vida cristã? Gratidão, segurança e testemunho.

Na vida cristã, toda a nossa obediência é um ato de gratidão a Deus pela graça que ele nos demonstrou em Jesus Cristo. Lembre-se do que Paulo diz em Efésios 2: "Porque pela graça sois salvos, mediante fé; e isso não vem de vós, é dom de Deus; não vem de obras, para que ninguém se glorie. Pois somos feitura dele, criados em Cristo Jesus para as boas obras" (vv. 8–10). Ora, você ouviu o que Paulo disse ali? Ele não disse que fomos salvos *pelas* boas obras. De fato, ele excluiu, textualmente, isso. Mas disse que fomos salvos *para* boas obras. O papel das obras na vida cristã não é de nos salvar. Não é de conseguir que Deus nos ame. Tem o fim de expressar nossa gratidão a Deus pelo amor que ele já nos mostrou anteriormente em Jesus Cristo, e pela salvação que ele nos deu gratuitamente em Jesus Cristo. Assim, todas as nossas obras e nossa obediência à Palavra de Deus na vida cristã representam um ato de gratidão.

Segundo, as boas obras feitas em fé servem também para nos dar segurança. Em sua primeira carta aos Tessalonicenses, Paulo explica que sabe que eles são escolhidos de Deus (1Ts 1.3–5). Ora, isso é algo impressionante para se dizer. Como saber se as pessoas são escolhidas de Deus? No versículo 3, Paulo fala das obras de fé, de seu labor em amor e de sua paciência na esperança. Está dizendo essencialmente: "Eu vejo a obra do Espírito Santo em suas vidas, e isso indica que vocês são filhos de Deus". Então, ele passa a explicar como isso serve para lhes dar segurança (v. 5). Recebemos a segurança na vida cristã quando vemos Deus operando em nós para nos mudar, e isso se expressa em nossa obediência aos mandamentos de Deus.

Um terceiro modo como a lei opera na vida cristã, nas boas obras e na obediência situa-se na área do testemunho. Quando obedecemos à Palavra de Deus, quando fazemos boas obras, glorificamos nosso Pai Celestial. Aqueles que nos veem têm razão para glorificar nosso Pai Celestial. Pedro expõe isso ao dizer que deseja que tenhamos vidas piedosas e tranquilas diante do mundo, para que o mundo nos veja e glorifique nosso amado Pai Celestial, que nos salvou por sua graça (1Pe 2.12).

Embora tenhamos sido salvos pela graça, somos salvos para uma vida de obras boas e felizes, e obediência. Não para conseguirmos que Deus nos ame, pois Deus realmente nos ama; mas porque desejamos ser como seu Filho, que disse: "Minha comida é fazer a vontade daquele que me enviou" (Jo 4.34).

Oração

Pai Celestial, tu nos salvaste do pecado. Não permita que continuemos nele como se ainda estivéssemos escravizados por ele. Tu nos deste teus mandamentos, que são o caminho da vida. Que prezemos como um grande tesouro esses mandamentos! Que todos que nos conhecem vejam nossas boas obras e glorifiquem a ti por causa delas. Amém.

Pergunta 35

Já que fomos redimidos somente pela graça, somente pela fé, de onde vem essa fé?

Todos os dons que recebemos de Cristo, nós os recebemos por meio do Espírito Santo, inclusive a própria fé.

TITO 3.4-6

Quando, porém, manifestou-se a benignidade de Deus, nosso Salvador, e seu amor para com todos, e não por obras de justiça praticadas por nós, mas segundo sua misericórdia, ele nos salvou mediante o lavar regenerador e renovador do Espírito, que ele derramou sobre nós ricamente, por meio de Jesus Cristo, nosso Salvador.

Comentários

FRANCIS SCHAEFFER

Temos de reconhecer que o cristianismo é a religião mais fácil do mundo, porque é a única em que Deus Pai, Cristo e o Espírito Santo fazem tudo. Deus é o Criador; nós não fizemos nada para nossa existência ou para a existência de outras coisas. Podemos dar forma a outras coisas, mas não alteramos o fato da existência. Nada fazemos por nossa salvação, pois Cristo fez tudo. Não fizemos nada. Em todas as outras religiões, temos de fazer alguma coisa... mas no cristianismo não fazemos nada: Deus tudo fez – ele nos criou e enviou seu Filho; o Filho morreu e, por ele ser infinito, carregou sobre si toda a nossa culpa. Não temos necessidade de carregar nossa culpa, nem temos de merecer os merecimentos de Cristo. Ele fez tudo. Assim, de certo modo, é a religião mais fácil que existe no mundo.[43]

MIKA EDMONDSON

Essa pergunta trata de como os crentes vêm à fé e, assim, recebem a salvação comprada por Cristo. É uma pergunta feita melhor quando em retrospectiva, ao olhar para trás, para nossa vida, e perguntar: "Como eu, pecador caído, cheguei a amar a Jesus e crer em seu evangelho quando tantos outros não o fizeram?".

Para entender a magnitude disso, temos de compreender que "a palavra da cruz é loucura para os que se perdem" (1Co 1.18). Ainda que possamos compreender intelectualmente os fatos do evangelho, se não houver a graciosa intervenção de Deus, nós o rejeitaríamos como loucura. Mas o catecismo nos lembra que Deus realmente intervém. O Espírito Santo dá nova vida aos pecadores, que, de outro modo, estavam "mortos em suas transgressões e pecados" (Ef 2.1). Conforme o evangelho é pregado, o Espírito Santo cria a fé em nossos corações para que abracemos o Cristo ressurreto e reinante conforme se apresenta no evangelho. Até mesmo a fé (nossa resposta obediente ao evangelho) é um dom gracioso de Deus. Essa verdade maravilhosa tem imensa implicação para como vemos nossa salvação, a vida cristã e a adoração.

Primeiro, isso confirma que nossa salvação é verdadeiramente toda pela graça. Nenhum de nós pode jactar-se de ser salvo por aproveitar ao máximo tudo que a salvação oferece. Certamente, não somos salvos por termos suficiente senso moral e espiritual ou por crermos, por nós mesmos, no evangelho ou por termos sido tão bem catequizados (ainda que isso seja importante). Não, somos salvos apenas porque, em sua divina compaixão, o Cristo ressurreto nos deu visão espiritual para crermos no evangelho. Por seu Espírito Santo, Jesus trabalhou o solo rochoso de nossos corações, de modo que a semente do evangelho fosse semeada e pudesse produzir o fruto da fé e do arrependimento. Se crermos no evangelho, devemos louvar a Deus por nos dar a graça de crer nele, pois ele é o único que faz diferença para nós. Portanto, a vida cristã tem de ser marcada por gratidão e humildade. Por nós mesmos, não somos em nada melhores que nossos próximos não cristãos. A única diferença é que algo (ou melhor, alguém) absolutamente maravilhoso veio à nossa vida e transformou tudo.

Finalmente, saber que nossa fé é um dom de Deus muda a forma como vemos o culto público, em especial a pregação do evangelho. Pela proclamação do evangelho, o Cristo ressurreto apresenta-se em poder salvador e transforma as pessoas para a eternidade. A vida eterna não começa na volta de Cristo; a vida eterna começa hoje, quando o Espírito Santo traz-nos essa vida pelo evangelho, o poder de Deus para a salvação. Ao nos sentarmos nos bancos da igreja e ouvirmos o evangelho, não estamos apenas ouvindo um discurso religioso. O maior poder do mundo inteiro opera, trazendo vida nova aos pecadores. O céu vem à terra, um glorioso "ainda não" rompe para dentro do "aqui e agora". O culto público é o centro da ação redentora de Deus até a volta de Cristo, quando todo mundo o verá. Até esse dia, nós o contemplamos pela fé, semana após semana, ao nos reunirmos em seu nome para adorá-lo e ouvir a sua Palavra. Pelo Espírito Santo, estamos sendo progressivamente transformados, de modo que isso durará por toda a eternidade.

Oração

Espírito Santo, tu nos buscaste quando não éramos capazes de te buscar, pois estávamos mortos em nossas transgressões e pecados. Tu és o doador de nossa fé; nenhum de nós conseguiria crer se não fosse a tua graça regeneradora, por meio da qual transformas os corações de pedra em corações de carne. Que deixemos de lado toda a jactância à luz de tua misericórdia imerecida. Amém.

Terceira Parte

Espírito, Restauração, Crescimento em Graça

Pergunta 36

O que cremos a respeito do Espírito Santo?

Que ele é Deus, coeterno com o Pai e o Filho, e que Deus o concede irrevogavelmente a todos que creem.

JOÃO 14.16-17

E eu rogarei ao Pai, e ele vos dará outro Consolador, a fim de que esteja para sempre convosco, o Espírito da verdade, que o mundo não pode receber, porque não o vê, nem o conhece; vós o conheceis, porque ele habita convosco e estará em vós.

Comentários

AGOSTINHO DE HIPONA

Porquanto, quando nosso Senhor soprou sobre os discípulos, dizendo: "Recebei o Espírito Santo", com certeza desejava que se entendesse que o Espírito Santo não era apenas o Espírito do Pai, nem do próprio Filho Unigênito, pois o mesmo Espírito é, na verdade, Espírito do Pai e do Filho, fazendo com eles a trindade de Pai, Filho e Espírito Santo, não uma criatura, mas o Criador.[44]

SAM STORMS

É raro o cristão ter dificuldade para pensar em Deus como Pai. Ver Deus como Filho não é problema para muitos. Esses nomes pessoais podem vir facilmente a nós porque nossas vidas e relacionamentos estão inescapavelmente interligados com pais e filhos aqui na terra. Mas, com frequência, Deus como Espírito Santo é uma pergunta diferente. Gordon Fee conta de um de seus alunos que comentou: "Deus Pai faz perfeito sentido para mim, e Deus Filho, eu consigo entender; mas o Espírito Santo é um borrão cinzento e oblongo".[45]

Como isso é diferente do que lemos nas Escrituras! Ali vemos que o Espírito Santo não é a terceira categoria na Divindade, mas coigual e coeterno com o Pai e o Filho, compartilhando com eles toda a glória e toda a honra devida a nosso Deus trino. O Espírito Santo não é um poder impessoal ou uma energia etérea ou abstrata. O Espírito é pessoal em todos os sentidos do termo. Ele tem uma mente e pensa (Is 11.2; Rm 8.27). Ele é capaz de experimentar afetos e sentimentos profundos (Rm 8.26; 15.30). O Espírito tem vontade e faz escolhas quanto ao que é melhor para o povo de Deus, e o que mais glorificará o Filho (At 16.7; 1Co 2.11).

Vemos até mais da personalidade do Espírito quando ele é descrito como se entristecendo quando nós pecamos (Ef 4.30). O Espírito, não menos que o Pai e o Filho, entra em vibrante e íntimo relacionamento com todos em quem ele habita (2Co 13.14). O Espírito fala (Mc 13.11; Ap 2.7), testifica (Jo 15.26; 16.13), encoraja (At 9.31), fortalece (Ef 3.16) e nos ensina, especialmente em tempos de emergência espiritual (Lc 12.12). Que o Espírito é pessoal, isso se vê porque é possível mentir para ele (At 5.3), insultá-lo (Hb 10.29) e até blasfemá-lo (Mt 12.31–32).

Acima de tudo, o Espírito Santo é o "Espírito de Cristo" (Rm 8.9). Seu papel principal em nós, o templo de Deus em quem ele habita (Ef 2.21–22), é direcionado ao outro, orientado ao outro, enquanto ele ministra conduzindo nossa atenção à pessoa de Cristo, para despertar em nós afeto de coração e devoção ao Salvador (Jo 14.26; 16.12–15). O Espírito Santo se deleita, acima de tudo, servindo como holofote, permanecendo atrás de nós (embora certamente habitando em nós), a fim de focar nosso pensamento e meditação sobre a beleza de Cristo e tudo que Deus é para nós nele e por meio dele.

Ao meditarmos em oração sobre a pessoa e a obra do Espírito, e darmos graças por sua poderosa presença em nossas vidas, fazemos bem em considerar as palavras de Thomas Torrance, que nos lembra que "o Espírito não é apenas algo divino ou semelhante a Deus que dele emana, não é uma espécie de ação distante ou um tipo de presente que se possa destacar de si mesmo, pois, no Espírito Santo, Deus mesmo age diretamente em nós e, ao nos dar seu Espírito Santo, Deus nos dá nada menos que a si mesmo".[46]

Oração

Deus, nosso Ajudador, agradecemos-te por enviar teu Espírito para viver em nós. Somos gratos porque ele castiga e disciplina, fortalece e nos consola. Que vivamos uma vida de fé em seu poder, e não em nosso. Que andemos no caminho da obediência, cheios de sua alegria! Amém.

Pergunta 37

Como o Espírito Santo nos ajuda?

O Espírito Santo nos convence de nosso pecado, nos conforta, nos guia, nos dá dons espirituais e o desejo de obedecer a Deus; ele nos capacita a orar e a entender a Palavra de Deus.

EFÉSIOS 6.17–18

Tomai também o capacete da salvação, e a espada do Espírito, que é a palavra de Deus, orando em todo o tempo no Espírito e, para isso, vigiando com toda perseverança e súplica por todos os santos.

Comentários

JOHN OWEN

O Espírito Santo que habita em nós nos guia e dirige. Fundamentalmente, habitualmente, ele ilumina nossa mente, dando-nos olhos e entendimento, brilhando em nós, transportando-nos das trevas para sua maravilhosa luz, por meio da qual somos capazes de ver o caminho, conhecer as veredas e discernir as coisas de Deus (...). Ele nos dá nova luz e entendimento, por meio dos quais, em geral, somos capacitados a "discernir, compreender e receber as coisas espirituais". A força vem, assim como a luz, pelo derramamento do Espírito sobre nós; força para receber e praticar todas as suas graciosas descobertas (...). Dessa habitação do Espírito, obtemos suporte. Nossos corações estão prontos a afundar e falhar quando se veem sob provação; na verdade, até uma pequena coisa poderia fazer-nos cair: carne e coração, e tudo que existe em nós, estão prestes a falhar (...) Mas o Espírito nos ajuda, nos sustenta, carrega aquela enfermidade que está pronta a nos dobrar.[47]

LEO SCHUSTER

Sempre fiquei impressionado com as palavras de Jesus: "Sem mim, nada podeis fazer". Trata-se de uma lembrança esmagadora e renovadora de que Jesus é a nossa necessidade, a qual, desde o início até o fim, não é parcial, mas total. Ao nos dar seu Espírito Santo, Cristo nos deu tudo de que necessitamos e mais ainda, do começo ao fim. O Espírito Santo nos dá vida. Ele enche nossa vida e nos aponta para aquele que é vida. Ele nos dá vida onde nosso ponto de partida não é simplesmente o fato de que somos espiritualmente carentes, mas porque estamos mortos no pecado. Nossa vida espiritual começa quando o Espírito Santo nos regenera, dando-nos nova vida. Quando ele transforma nossos corações de pedra em corações de carne, torna a verdade da Palavra de Deus real para nós; assim, livremente abraçamos a Cristo conforme ele nos é oferecido no evangelho. Isso nos faz lembrar que ser cristão não é ser uma pessoa melhor, mas ser uma nova pessoa, somente pela graça de Deus, pela fé somente.

Ele não só nos dá vida, como também preenche nossa vida. Quando nos tornamos cristãos, Deus Pai nos adota como filhos e nos dá seu Espírito de adoção. Ele vem viver em nós e nos enche, e, ao fazê-lo, nos dirige como um conselheiro — suportando, convencendo-nos de nosso pecado, fortalecendo-nos em Cristo, encorajando-nos no caminho em que devemos viver, ajudando-nos a orar e ainda orando por nós quando estamos fracos demais para fazê-lo. Em tudo isso, ele desenvolve em nós o ser como Cristo, capacitando-nos para as boas obras, que Deus preparou de antemão para realizarmos. Ele nos dá dons específicos para usarmos e contribuirmos em prol da edificação do corpo de Cristo, amar, servir e obedecer a Deus.

Ele nos dá vida. Ele preenche nossa vida. Finalmente, ele nos aponta para aquele que é vida. Jesus disse: "[O Espírito] me glorificará, porque tomará o que é meu e o declarará a vós" (Jo 16.14). O Espírito Santo é o Espírito de Cristo. Ele não chama atenção sobre si, mas glorifica a Jesus e nos dá a graça de fazer o mesmo, fazendo aquele que é vida ser nossa vida, nosso amor. Aquele que é Alfa e Ômega, o Princípio e o Fim, nos deu seu Espírito para suprir tudo de que necessitamos, do princípio ao fim. Ele nos dá vida, enche nossa vida e aponta para aquele que é vida.

Oração

Deus Espírito, faz tua vontade em nós. Brilha tua luz sobre os pecados secretos de nossos corações. Equipa-nos para as tarefas que são difíceis demais para nós. Alegra-nos no que deleita a ti. Intercede por nós e abre nossos olhos para entender corretamente a Palavra da verdade. Amém.

Pergunta 38

O que é a oração?

A oração é derramar nossos corações a Deus em louvor, petição, confissão de pecado e ações de graças.

SALMO 62.8

Confiai nele, ó povo, em todos os tempos; derramai perante ele o vosso coração. Deus é o nosso refúgio. (Selá)

Comentários

ABRAHAM BOOTH

Como os inimigos da alma são inveterados, sutis e poderosos, e nossa estrutura espiritual é inconstante, é bastante necessário que se viva sob contínua lembrança das considerações que nos despertam. O que é mais recomendável, o que é tão necessário, do que andarmos de forma digna; vigiando e orando, para não cairmos em tentação? Um senso de nossa própria fraqueza e insuficiência sempre deve habitar em nossa mente e aparecer em nossa conduta. Como a corrupção da natureza é uma inimiga que sempre está por perto, e sempre em nós, enquanto estivermos sobre a terra; e como ela é fortemente propensa a atender a toda tentação de fora; vós deveis "guardar vosso coração com toda a diligência". Vigiai, diligentemente vigiai, sobre todas as imaginações, gestos e tendências. Considerai de onde surgem e para o que se inclinam, antes de executardes quaisquer propósitos nelas formados. Pois esse é o superlativo engano do coração humano: "É tolo aquele que nele confia", ignorante do perigo e incauto quanto a seus melhores interesses. Tal consideração deve fazer com que todo filho de Deus curve os joelhos suplicantes, com maior frequência, humildade e fervor: para viver como se estivesse diante do trono da graça; não se afastar dali até que esteja fora do alcance do perigo. É certo que, quanto mais vemos a força de nossos adversários e o perigo com que nos ameaçam, mais devemos nos exercitar em fervorosa oração. É possível que tu, ó cristão, permaneça frio e indiferente, inerte e descuidado, quando o mundo, a carne e o diabo são teus opositores implacáveis e incansáveis?[48]

JOHN PIPER

A oração é o meio de andar pelo Espírito. A oração é o jeito de andar pela fé. Em outras palavras, é o fôlego da vida cristã o dia todo. Simplesmente inspire e expire. É o modo como vivemos.

Deixe-me ilustrar com quatro elementos do catecismo: confissão, petição, louvor e gratidão. Recomendo que, a qualquer hora em que você enfrente uma situação do tipo *Preciso de ajuda aqui*, faça-o em oração, usando esses quatro elementos.

Suponhamos que eu tenha de falar diante de um grupo, e que esteja nervoso (você escolhe seu próprio desafio particular). Quando o momento vai-se aproximando, indago: "Será que vou conseguir? Vou me lembrar do que tenho de dizer? Vou passar por tolo?". Nesse momento, *confesso* a Deus minha necessidade. Digo: "Senhor, eu sou pecador. Não mereço tua ajuda, mas tenho necessidade de ti. Nada posso fazer sem ti". Esse é o passo de *confissão* na oração.

Em seguida, transformo minha confissão em *petição*. "Senhor, por favor, me ajuda. Preciso de memória. Necessito de articulação. Necessito do espírito certo. Preciso de humildade. Preciso olhar nos olhos das pessoas. Necessito de todas essas coisas. Quero ajudar os meus ouvintes, mas não tenho, em mim mesmo, tudo aquilo de que necessitam. Ajuda-me". Esse é o passo de *petição* da oração. Um clamor por socorro.

Preciso, então, estender a mão e tomar para mim algo sobre Deus que será digno de meu louvor e digno da minha confiança. Como Deus diz: "Não temas, porque eu sou contigo; não te assombres, porque eu sou teu Deus; eu te fortaleço, e te ajudo, e te sustento com a destra da minha justiça" (Is 41.10). Eu tomo posse dessa promessa, desse poder, desse amor, dessa misericórdia, e me firmo nela. Eu *confio nele* e *o louvo*. "Tu, ó Senhor, podes me ajudar. Confio em ti para essa ajuda. Eu te louvo porque o Senhor é Deus disposto e capaz de me ajudar!" É o passo de *confiança e louvor* da oração. Então, dou a minha palestra, confiando nele. Quando tiver terminado, não importa meu desempenho, eu agradeço. Como confiei nele para me ajudar, creio que ele usará meu esforço, não obstante o que penso sobre ter ido bem ou não. "Obrigado, Senhor!" Esse é o passo de *gratidão* na oração.

Ali estão — quatro palavras-chave do catecismo.

Primeiro, continuamente *confesse* a necessidade ao Senhor: "Preciso de ti".

Segundo, clame em *petição*: "Ajuda-me".

Terceiro, aproprie-se das promessas de Deus *com confiança* e *louvor* por ele cumpri-las.

Então, quando ele o ajuda, expresse isso e diga: "*Obrigado*".

Esses são o ritmo e o fôlego da vida cristã.

Oração

Nosso Grande Refúgio, somos gratos por nos chamar para a oração. Tu não estás longe; estás sempre perto e nos ouves quando oramos. Permita que derramemos nossos corações sem cessar em ti. Que oremos sem enganos, trazendo nosso verdadeiro ser diante de teu trono de graça. Amém.

Pergunta 39

Com que atitude devemos orar?

Com amor, perseverança e gratidão; em humilde submissão à vontade de Deus, sabendo que, por amor a Cristo, ele sempre ouve nossas orações.

FILIPENSES 4.6

Não estejais inquietos por coisa alguma; antes as vossas petições sejam em tudo conhecidas diante de Deus pela oração e a súplica, com ação de graças.

Comentários

JOHN BUNYAN

Antes de entrar em oração, pergunta à tua alma o seguinte: Com que finalidade, ó minha alma, estás afastada desse lugar? Não vieste conversar com o Senhor em oração? Ele está presente; ele te ouvirá? Ele é misericordioso; ele te ajudará. Teu assunto é pequeno; não concerne ao bem-estar de tua alma? Quais palavras utilizarás para mover o Senhor à compaixão? Para completar teu preparo, considera que tu és apenas pó e cinzas, e ele, o grande Deus, Pai de nosso Senhor Jesus Cristo, revestido de luz, como suas vestes; que tu és vil pecador, ele é Deus santo; tu és pobre e rastejante verme, ele é o onipotente Criador. Em toda tua oração, não esqueças de agradecer ao Senhor por suas misericórdias. Quando orares, deves preferir deixar teu coração sem palavras a proferires palavras sem coração. A oração fará com que o homem pare de pecar, ou o pecado seduzirá o homem a deixar de orar.[49]

THABITI ANYABWILE

A oração hipócrita é um oxímoro; hipocrisia e oração simplesmente não combinam. Qualquer coisa que chamarmos propriamente de oração deve estar divorciada da hipocrisia. O Senhor nos ensina isso nos Evangelhos, ao falar sobre aqueles que oram procurando ouvintes; para esses, a oração é uma exibição. Se estiveres orando por algum tempo, sabes que não necessitas de um auditório para que a oração seja exibição. Às vezes estamos olhando para nós mesmos quando oramos. Admiramos a eloquência do nosso apelo. Gostamos da frase bonita. Nisso, nossa oração passa de ato de comunhão com Deus para uma demonstração de orgulho.

A verdadeira oração é uma expressão de amor. A verdadeira oração é uma expressão de perseverança. É expressão de gratidão.

Por que amor? Porque, na oração, comungamos com Deus Pai, Deus Filho, Deus Espírito Santo. Estamos orando ao Pai em nome do Filho por meio do Espírito. No ato de orar, estamos tendo prazer neles e os conhecendo melhor, comungando com eles. Como a oração pode ser comunhão sem amor?

Na oração, deve haver também perseverança, firmeza, insistência e um ato contínuo de bater à porta. Tal perseverança é necessária para prevalecer contra nossa carne. A carne luta contra o espírito. E olha, quando estamos orando, não é que muitas vezes nossa mente vagueia, se distrai? Quando oramos, às vezes experimentamos nossa fragilidade, nossa fadiga, nossa fraqueza. Já caí no sono orando, do jeito que os apóstolos de nosso Senhor fizeram no jardim de Getsêmane. Portanto, precisamos de perseverança, precisamos daquela persistência nas coisas de Deus, empurrando para fora as distrações do mundo, novamente crucificando a carne, para que tenhamos essa plena comunhão com o Senhor.

Finalmente, a oração tem de ser uma expressão de gratidão. Contemos as bênçãos do Senhor. Marquemos suas providências. Que observemos as interrupções divinas que têm rompido em nossas vidas, a fim de recebermos não somente Cristo, como também tudo que há nele, recebê-lo e experimentá-lo de modo surpreendente, nas horas oportunas, em tempos mais tardios do que havíamos esperado. As divinas interrupções de Deus, que são bênçãos e distribuições de sua benignidade para conosco, devem alimentar em nós a gratidão. Assim, nossas orações devem expressar essa gratidão, para que estejamos conscientes da benignidade e da bondade do Senhor.

Mesmo quando não conseguimos ver a mão de Deus, conforme diz o ditado, podemos confiar em seu coração, porque sabemos que Deus é bom, e somos gratos por sua bondade. Isso nos impulsiona a orar e perseverar, e volta a nós em amor a Cristo, nosso Salvador, Deus nosso Pai e o Espírito, nosso Consolador.

Oração

Pai amado, aproximamo-nos de ti em nome de teu Filho amado. Dá-nos perseverança em oração, mesmo quando não vemos imediatamente as respostas. Permita que creiamos que tu não negas a nós nenhum bem, e confiemos em que impedirás aquilo que buscamos que nos faz mal. Teus caminhos são mais altos do que os nossos, e confiamos nossos pedidos à tua soberana benignidade. Amém.

Pergunta 40

O que devemos orar?

Toda a Palavra de Deus nos dirige e inspira quanto ao que devemos orar, incluindo a oração ensinada pelo próprio Jesus.

EFÉSIOS 3.14-21

Por causa disso, ponho-me de joelhos perante o Pai de nosso Senhor Jesus Cristo, do qual toda a família nos céus e na terra toma o nome, para que, segundo as riquezas de sua glória, vos conceda que sejais corroborados com poder pelo seu Espírito no homem interior; para que Cristo habite pela fé em vossos corações; a fim de, estando arraigados e fundados em amor, poderdes compreender perfeitamente, com todos os santos, a largura, e o comprimento, e a altura, e a profundidade, e conhecer o amor de Cristo, que excede todo o entendimento, para que sejais cheios de toda a plenitude de Deus. Ora, àquele que é poderoso para fazer tudo muito mais abundantemente além daquilo que pedimos ou pensamos, segundo o poder que em nós opera, a esse glória na Igreja, por Jesus Cristo, em todas as gerações, para todo o sempre. Amém.

Comentários

JOÃO CRISÓSTOMO

Grande proveito se extrai das sagradas Escrituras, e sua assistência é suficiente para toda necessidade. Paulo ressaltou isso ao dizer: "Porque tudo o que antes foi escrito, para nosso ensino foi escrito, para que, pela paciência e a consolação das Escrituras, tenhamos esperança" (Rm 15.4; ver também 1Co 10.11). As palavras divinas, na verdade, são um tesouro que contém toda espécie de remédio, de modo que, se necessitamos abandonar o orgulho vão, ou apagar o fogo da concupiscência, ou pisotear o amor às riquezas, ou desprezar a dor, ou cultivar o ânimo e adquirir paciência — em tudo isso, podemos encontrar abundantemente o meio de assim fazer.[50]

ALISTAIR BEGG

Quando perguntamos sobre o que devemos orar, instintivamente voltamos à Bíblia, porque é a Bíblia que nos inspira e direciona. Quer seja quando Jesus nos lembra que devemos sempre orar e não desfalecer, quer seja quando Paulo lembra aos filipenses que não sejam ansiosos por qualquer coisa, mas em tudo que se voltem a Deus em oração, é a Bíblia que nos mantém no trilho certo. Ao orarmos, estamos realmente pedindo a Deus que ponha nossas vidas e a vida dos outros alinhadas com seus propósitos. Quando oramos desse modo, podemos fazê-lo com confiança.

Assim, podemos orar por nosso mundo, para que homens e mulheres venham a crer no evangelho. Podemos orar para que os trabalhadores sejam enviados aos campos de colheita, conforme Jesus disse. Podemos orar pela obra do evangelho em nossa própria vida, para que sejamos santos, alegres e gratos. Depois de fazermos tudo isso, precisamos lembrar que Deus está muito mais disposto a nos abençoar até do que nós de tomar o tempo para lhe pedir.

Como disse Jesus: "Se vós, pois, sendo maus, sabeis dar boas coisas aos vossos filhos, quanto mais vosso Pai, que está nos céus, dará bens aos que lhe pedirem!" (Mt 7.11).

Oração

Deus, que ouve, que tua Palavra viva molde nossos desejos e nossas orações. Que nos desafie a orar pelas coisas que não nos parecem possíveis. Que informe nossa visão de ti ao nos aproximarmos de ti como filhos amados. Que tua Palavra nos leve a ajoelhar, reconhecendo nossa necessidade de ti! Amém.

Pergunta 41

O que é a Oração do Senhor?

Pai nosso, que estás nos céus, santificado seja o teu nome; Venha o teu reino, seja feita a tua vontade, assim na terra como no céu; O pão nosso de cada dia nos dá hoje; E perdoa-nos as nossas dívidas, assim como nós perdoamos aos nossos devedores; E não nos induzas à tentação; mas livra-nos do mal; porque teu é o reino, e o poder, e a glória, para sempre. Amém.

MATEUS 6.9

Portanto, vós orareis assim: Pai nosso, que estás nos céus, santificado seja o teu nome;

Comentários

MARTINHO LUTERO

Tu, porém, te sentes fraco e intimidado? Pois a carne e o sangue sempre impedem a fé, como se não fosses digno ou pronto para orar com sinceridade; ou duvidas de que Deus te ouviu, por seres pecador? Então, agarra-te à palavra e diz: Embora eu seja indigno pecador, tenho a ordem de Deus, que me manda orar, e sua promessa, no sentido de que me ouve graciosamente, não por eu ser digno, mas por amor do Senhor Cristo. Por meio disso, podes tirar os pensamentos e as dúvidas, e, animadamente, ajoelhar-te em oração, sem olhar se és digno ou não, vendo apenas a tua necessidade e a sua palavra sobre a qual ele ordena que construamos; especialmente porque ele a colocou diante de ti e em tua boca as palavras sobre como e o que orar, para que envies com alegria essas orações por meio dele, e possas colocá-las em seu seio, para que ele apresente a dignidade que possui diante do Pai.[51]

JUAN SANCHEZ

Quando os discípulos de Jesus pediram que ele os ensinasse a orar, Jesus lhes deu um modelo de oração. Nós a chamamos de Oração do Senhor, e realmente é a oração modelo do Senhor. É o modo como Jesus ensinou seus discípulos a orar.

Ao dizermos: "Pai nosso", lembramos que o Deus que criou o universo é nosso Pai no céu. Ele é o Pai que provê. Ele é o Pai que sustenta. Ele é o Pai que protege. E a oração nos lembra que podemos correr para nosso Pai, a fim de que sejam conhecidas nossas necessidades.

Mas Jesus também lembrou que não somente é nosso Pai, como também nosso Rei. Assim, quando dizemos: "Venha o teu reino, seja feita a tua vontade", reconhecemos que nosso Pai é o Rei. Aproximamo-nos de nosso Pai, que é Rei do universo, que tem controle pleno e autoridade total sobre todas as coisas. Nosso foco primeiro e principal tem de ser sobre nosso Pai, que é Rei. E a maior alegria para seus filhos é que seu nome seja santificado, que seu nome seja reconhecido. Devemos orar: "Deus, faz reconhecido teu nome". A Oração do Senhor também é uma oração corporativa. "Pai *nosso*" nos lembra que eu não sou filho único. Nosso desejo é nos certificar de que seu nome seja santificado em toda a terra. Em última instância, este mundo não é nosso lar, e ansiamos para que seu reino seja final e plenamente estabelecido. Até lá, Jesus nos lembra que podemos nos aproximar de nosso Pai. Quando falhamos com nosso Pai, quando falhamos com nosso Rei, podemos pedir perdão.

A oração-modelo do Senhor nos instrui que somos totalmente dependentes de nosso Pai para todas as necessidades diárias. Acho que as pessoas de hoje tendem a se esquecer disso. Jesus disse que devemos orar assim: "Dá-nos *hoje* o pão de *cada dia*". Isso é uma lição de humildade. Estamos envolvidos em uma batalha espiritual, e precisamos de proteção. Pedimos a nosso Rei que nos proteja. Na verdade, o apóstolo Paulo nos lembra que, na batalha espiritual, não colocamos *nossa* armadura; vestimos a armadura de Deus (Ef 6.10–18). Vestimos a armadura de nosso Rei. Revestimo-nos da armadura de nosso Pai, e lutamos na força de nosso Pai. Assim, é certo e bom para nós — quaisquer que sejam nossas necessidades ou circunstâncias — lembrarmos que somos totalmente dependentes, a cada momento, em cada fôlego, de nosso Pai Rei, e que podemos correr para ele. Podemos nos aproximar dele, e pedir aquilo de que necessitamos.

Enquanto tivermos fôlego, que vivamos para tornar reconhecido o nome do Rei, santificando seu nome, como Igreja e como cristãos individuais, ansiando por seu reino vindouro. Que desejemos a volta de Jesus sabedores de que, até chegar aquele dia, ele perdoará nosso pecado, proverá nosso pão de cada dia e nos protegerá do Maligno.

Oração

Nosso Pai no Céu, quando orarmos a oração que nos ensinaste, impede que recitemos palavras vazias. Que esses pedidos sejam o grito de nossos corações! Assim, pedimos que tragas teu reino na terra sobre nós e por meio de nós, por amor a teu grande nome. Amém.

Pergunta 42

Como deve ser lida e ouvida a Palavra de Deus?

Com diligência, preparo e oração; para que a aceitemos com fé, guardemos nos corações e a pratiquemos em nossas vidas.

2 TIMÓTEO 3.16–17

Toda a Escritura é divinamente inspirada, e proveitosa para ensinar, para redarguir, para corrigir, para instruir em justiça; para que o homem de Deus seja perfeito, e perfeitamente instruído para toda boa obra.

Comentários

THOMAS CRANMER

Porquanto devo advertir-vos de que venham todos ler e escutar esse livro, que é a palavra de Deus, a mais preciosa joia e a mais santa relíquia que permanece sobre a terra; que possais trazer convosco o temor de Deus, e o façais com toda a reverência devida, usando vosso conhecimento, não para se vangloriar em disputas frívolas, mas para a honra de Deus, o aumento da virtude e a edificação de vós mesmos e dos outros.[52]

KEVIN DEYOUNG

A Bíblia não é apenas mais um livro, e devemos nos aproximar dela de modo singular. A Bíblia é inspirada por Deus: "Toda Escritura é inspirada por Deus" (2Tm 3.16). É inspirada. Isso não quer dizer que a Bíblia seja inspiradora. Ora, ela é inspiradora, mas, se alguém no mundo for inspirado pela Bíblia, a Bíblia ainda é inspirada em si. É a Palavra de Deus para nós. Exala Deus. Deus abre seus santíssimos lábios e fala conosco. Essa Palavra é Palavra de Deus, e essa Palavra é exatamente o que Deus queria que fosse escrito nas Sagradas Escrituras.

Isso significa que devemos nos aproximar da Escritura com especial reverência e especial cuidado. Chegamo-nos à Bíblia com muito cuidado. Queremos ser diligentes. Queremos estar preparados. Queremos levar a sério. Também nos aproximamos desse livro com especial reverência, porque Deus nos fala. Uma das formas de pensar em se submeter à Palavra é que paramos de dizer a Deus o que ele deve fazer. Agora é Deus falando conosco. Certa vez, um teólogo disse que, para ser cristão, temos de tapar a boca com a mão e ficar quietos. Isso não quer dizer que não possamos clamar a Deus. Certamente os salmos estão cheios disso; significa que devemos nos aproximar da Escritura com reverência, dispostos a ouvir de Deus, submetendo-nos plenamente à Palavra de Deus.

Quando chegamos à Bíblia, nosso alvo não é mera informação. Nunca será menos que informação — não somos contrários à informação. Deus usa isso. No entanto, é muito mais que informação o que obtemos da Bíblia. Carecemos de fé. É isto que Deus deseja para nós: que aceitemos a Palavra com fé, com verdadeiro deleite, com desejo por ela, com dependência dela.

Quando abraçamos com fé a Palavra de Deus, nós a guardamos em nossos corações. Charles Spurgeon disse, acerca de John Bunyan, que, se alguém o furasse, seu sangue seria *biblínio*. Ele era tão pleno das Escrituras que elas transbordavam dele. É isso que queremos; por essa razão a guardamos.

Nós a praticamos. Será que Jesus disse: "Se me amais, tereis uma sensação de *frisson* em vosso coração"? Não, ele não disse isso, ainda que fosse maravilhoso. Ele disse: "Se me amais, guardai meus mandamentos" (Jo 14.15). Se formos sérios quanto a amar a Deus, temos de ser muito sérios quanto a obedecer a Deus e obedecer à sua Palavra. Este é o objetivo: sermos transformados por ela, abraçando-a pela fé e adorando a seus pés.

Realmente, em sua forma mais simples, temos de nos aproximar da Palavra de Deus com o mesmo tipo de atitude com que nos aproximamos do próprio Deus. Se Deus falasse com você, o que ele faz nas Escrituras, se Deus abrisse sua boca para nós, como chegaríamos a ele? Bem, acho que escutaríamos com cuidado. Escutaríamos diligentemente. Escutaríamos com submissão. Ouviríamos ansiosamente. E o ouviríamos com o propósito de amar e obedecer.

Oração

Doador da Palavra, ajuda-nos a entesourar tuas Escrituras como nossa mais preciosa possessão. Que ela esteja em nossa mente e em nossos lábios! Que ela transforme nosso pensamento e reforme nossa vida! Faz-nos estudantes atentos e dedicados servos de tua Palavra perfeita. Amém.

Pergunta 43

O que são sacramentos ou ordenanças?

Os sacramentos ou ordenanças dados por Deus e instituídos por Cristo, ou seja, o batismo e a Ceia do Senhor, são sinais e selos visíveis de que somos unidos como uma comunidade de fé por sua morte e ressurreição. Pelo uso que fazemos dessas ordenanças, o Espírito Santo declara mais plenamente e sela as promessas do evangelho para nós.

ROMANOS 6.4

De sorte que fomos sepultados com ele pelo batismo na morte; para que, como Cristo foi ressuscitado dentre os mortos, pela glória do Pai, assim andemos nós também em novidade de vida.

LUCAS 22.19–20

E, tomando o pão, e havendo dado graças, partiu-o, e deu-lho, dizendo: Isto é o meu corpo, que por vós é dado; fazei isto em memória de mim. De forma semelhante, tomou o cálice, depois da ceia, dizendo: Este cálice é o novo testamento no meu sangue, que é derramado por vós.

Comentários

CHARLES SIMEON

Digo, portanto, do batismo e da Ceia do Senhor: "Em seu uso próprio e designado, não podem ser valorizados demais: mas, se abusados com propósitos pelos quais não foram dados, e vistos como contendo em si mesmos e transmitindo de si mesmos a salvação aos homens, eles são profanados". (...) Que aprendamos, disso, a utilizar as ordenanças de Deus — devemos ser gratos por elas; devemos honrá-las; devemos olhar para Deus nelas, e devemos esperar de Deus por meio delas as comunicações de sua graça e paz. Devem ser reverenciadas, mas não idolatradas; usadas como um meio, mas não descansarmos nelas como um fim. Ninguém pode imaginar-se melhor apenas por haver participado de quaisquer ordenanças.[53]

TIMOTHY KELLER

Existem dois sacramentos ou ordenanças. Temos o batismo, que é uma vez para sempre. E temos a Ceia do Senhor, que continua sempre e com regularidade. Chamamos ambas de *ordenanças* porque Jesus Cristo manda que assim o façamos. Mas chamamos também de *sacramentos* porque, por meio delas, a bênção e a graça de Deus vêm a nós de maneira singular. Elas não são apenas experiências pessoais e individuais. Somos membros de uma comunidade, e o batismo e a Ceia do Senhor mostram que pertencemos a essa comunidade, a comunidade da aliança, o povo que pertence a Jesus. Essa é a razão pela qual são, na verdade, delimitadores. A Confissão de Fé de Westminster diz que essas ordenanças "marcam uma visível diferença entre aqueles que pertencem à igreja e o restante do mundo".[54]

São sinais e selos. Nós as chamamos *sinais* porque simbolizam as bênçãos da salvação, o perdão dos pecados, o acolhimento do Espírito Santo e a capacidade de comungar com Jesus Cristo na sua presença. Mas não são apenas sinais; são também *selos*. Isso quer dizer que realmente trazem essas bênçãos para nós. Asseguram-nos e despertam nossa fé, e é a nossa fé que recebe essas bênçãos.

Alguns lugares da Bíblia, como 1 Coríntios 10 e 1 Pedro 3, parecem dizer que os sacramentos recebem as bênçãos da salvação. Mas os sacramentos despertam nossa fé, e nossa fé é que recebe as bênçãos que nos salvam. Assim J. I. Packer afirma: "Como a pregação da Palavra torna o evangelho audível, os sacramentos o tornam visível, e Deus desperta a fé por ambos os meios".[55] Os sacramentos, portanto, funcionam como um meio de graça sob o princípio de que, literalmente, ver leva a crer.

Oração

Doador do Evangelho, tu nos deste sinais de tua graça que podem ser vistos, sentidos e provados. Ajuda-nos a observá-los de acordo com teus mandamentos. Que eles desviem nossos olhos de nós mesmos para tua obra salvadora. Guarda-nos de exaltar os sinais de qualquer modo que nos distraia do Salvador, para quem eles apontam. Amém.

Pergunta 44

O que é o batismo?

Batismo é o ato de lavar com água em nome do Pai, do Filho e do Espírito Santo; significa e sela nossa adoção em Cristo, nossa purificação do pecado e nosso compromisso de pertencer ao Senhor e à sua Igreja.

MATEUS 28.19

Portanto, ide, fazei discípulos de todas as nações, batizando-os em nome do Pai, e do Filho, e do Espírito Santo.

Comentários

GEORGE HERBERT

Na medida em que vês a escura e sombreada aleia,
Não te detenhas, mas olha para o céu além
Assim, quando eu vejo meus pecados, remove meus olhos
Para que eu veja mais para trás, e voe até aquela água
Que está acima dos céus, cujas fonte e rasgo
Estejam no lado perfurado de meu querido Redentor.
Benditos riachos! Ou impedis e parais nossos pecados de
engrossar e se ampliar,

Ou nos dais lágrimas que os afoguem enquanto crescem!
Em tua redenção todo meu tempo se mede,
E espalha a argamassa igual ao crime:
Tu ensinaste ao livro da vida meu nome;
Desse modo, quaisquer futuros pecados
já não mais me atrairão,
Pois teu primeiro conhecimento
a tudo poderia desacreditar.[56]

COLLIN HANSEN

Quando eu disse a meu pastor que queria tornar-me membro da igreja, ele ofereceu uma simples explanação sobre por que eu deveria ser batizado: porque Jesus fez assim. Por que Jesus andou para dentro do Jordão e pediu a seu primo João que o baixasse às águas? Afinal, ele não tinha pecado a confessar, nenhuma necessidade de se arrepender.

Sempre simpatizei com a resposta incrédula de João ao pedido de Jesus. "Eu careço de ser batizado por ti", disse João, que havia preparado o caminho para o Cristo, "e vens tu a mim?" (Mt 3.14). Sim, respondeu Jesus, "porque assim nos convém cumprir toda a justiça. Então ele o permitiu" (Mt 3.15).

Em seu batismo, Jesus se identificou com todos nós, que, devido ao pecado, um dia morreremos como resultado do juízo de Deus (Gn 3.19). A água tem sido sinal do juízo de Deus desde Gênesis 6–7, quando Deus julgou a impiedade dos homens mandando o dilúvio que destruiu a todos, exceto Noé e sua família. Ainda que jamais pecasse, Jesus morreria nas mãos de homens pecadores ao absorver a ira de Deus pelo mundo pecador.

A água, claro, também é necessária para a vida. Antes de haver luz, o Espírito de Deus pairava sobre as águas (Gn 1.2). Um dia, quando Jesus, ressurreto e ascenso, retornar para inaugurar os novos céus e a nova terra, um rio de vida fluirá do trono de Deus e do Cordeiro na Nova Jerusalém (Ap 22.1–2). Qualquer um que o siga nas ondas como inimigos de Deus surgirá como irmão ou irmã do Filho de Deus, coerdeiros de sua eterna herança.

O batismo é o sinal e o selo de que fomos adotados na família de Deus. Pai, Filho e Espírito Santo têm amado uns aos outros em perfeita unidade desde antes da criação, antes de Deus haver moldado Adão do pó da terra. No batismo de Jesus, temos as três pessoas; ninguém pode entender equivocadamente o significado do sinal que o Pai afirma do céu: "Este é o meu Filho amado, em quem me comprazo" (Mt 3.17).

Toda vez que me lembro de meu batismo, ouço essas palavras de bênção. Jesus foi imerso nas águas do juízo para que eu pudesse beber das águas da vida eterna. Porque Jesus me chama de irmão, posso chamar Deus de meu Pai. Porque o Espírito desceu sobre ele como uma pomba, tenho paz com Deus, que outrora me considerava inimigo.

Outrora eu estava fora do povo de Deus, era estranho a essa família, devido a meu pecado. Mas agora sou irmão de todos que foram igualmente batizados em nome do Pai, do Filho e do Espírito Santo. A Igreja é nosso lar, lugar em que, a despeito de haver discordâncias e disputas, ajudamos uns aos outros a confessar que temos um só Senhor e uma só fé (Ef 4.5). A nós foi dada a Grande Comissão para seguir os passos de João e chamar outros ao arrependimento, enquanto os apontamos a Jesus, o Cordeiro de Deus que tira o pecado do mundo (Jo 1.29). Nós batizamos para que eles sempre saibam que Deus os ama, que se agrada deles, porque agora eles pertencem a Cristo.

Oração

Tu, que nos limpas, pois não conseguimos purificar os próprios corações e temos de vir a ti para que laves nossos pecados. Somos gratos pelo batismo com água, que não nos salva, mas mostra nossa salvação e nos une como um só povo, teus filhos e filhas adotivos. Amém.

Pergunta 45

Seria o batismo com água o lavar do próprio pecado?

Não, somente o sangue de Cristo e a renovação do Espírito Santo podem limpar-nos do pecado.

LUCAS 3.16

Respondeu João a todos, dizendo: Eu, na verdade, batizo-vos com água, mas eis que vem aquele que é mais poderoso do que eu, do qual não sou digno de desatar a correia das alparcas; esse vos batizará com o Espírito Santo e com fogo.

Comentários

JOÃO CALVINO

"Ele vos batizará com o Espírito Santo e com fogo." Pergunta-se: por que João não disse igualmente que é apenas Cristo quem lava as almas com seu sangue? A razão é que esse lavar é realizado pelo poder do Espírito, e João considerava suficiente expressar o efeito todo do batismo pela única palavra Espírito. O significado é claro: somente Cristo concede toda a graça figurativamente representada pelo batismo externo, pois é ele quem "asperge a consciência" com seu sangue. É ele também que mortifica o velho homem, e concede o Espírito da regeneração. A palavra *fogo* é acrescentada como epíteto, sendo aplicada ao Espírito, porque ele tira nossas poluições, como o fogo purifica o ouro.[57]

R. KENT HUGHES

O grande texto clássico que celebra e anuncia o batismo do crente em Cristo é 1 Coríntios 12.13: "Pois todos nós fomos batizados em um Espírito, formando um corpo, quer judeus, quer gregos, quer servos, quer livres, e todos temos bebido de um Espírito". Isso fala do Espírito nos iniciando no corpo de Cristo, o que aconteceu comigo quando eu tinha apenas 12 anos. Eu nunca ouvira falar do batismo do Espírito Santo, mas realmente fui batizado pelo Espírito Santo. Agora, com o passar dos anos, aquilo que era um fato objetivo tem-se tornado uma realidade subjetiva em minha vida.

Quando fui batizado pelo Espírito, fui regenerado, nasci de novo. Nasci do Espírito, João 3 diz. Que belo retrato! A metáfora de nascer de novo descreve uma obstetrícia divina porque fui tirado das trevas e trazido à luz, e comecei a ver.

Ao mesmo tempo que fui regenerado, fui habitado pelo Espírito Santo. Jesus diz, em João 14, que o Espírito "habitará em vós" e "estará em vós". Perdi meu pai quando era bem pequeno, e tinha a sensação de estar sozinho no mundo. Quando fui habitado, um senso de paternidade dominou a minha alma, o senso de ter sido adotado. Eu não sabia que tinha sido marcado pelo Espírito Santo, selado pelo Espírito Santo. Como é dito em Efésios 1.13–14: "Nele também, quando ouvistes a palavra da verdade, o evangelho de vossa salvação, e nele crestes, fostes selados pelo Espírito Santo prometido, que é o penhor de nossa herança até que adquiras a possessão dela, para o louvor de sua glória". Isso ainda me deu um sentimento de proteção e realidade, pois fui marcado pela eternidade pelo Espírito Santo quando fui batizado pelo Espírito.

Quando fui batizado no Espírito, também fui objeto de oração. Romanos 8.26 diz: "E da mesma maneira também o Espírito ajuda em nossas fraquezas; porque não sabemos o que havemos de pedir como convém, mas o mesmo Espírito intercede por nós com gemidos inexprimíveis". O Espírito ora com gemidos inexprimíveis porque conhece nossos corações (Rm 8.26).

Ao mesmo tempo, fui iluminado. Lembro-me de que, quando era menino, em um acampamento, voltando para minha cabana, tirava minha Bíblia, sublinhava alguns versículos e via a Palavra se tornar viva para mim, do modo como ainda tem sido viva em minha vida. Ora, quando João Batista disse claramente: "Eu vos batizo com água, mas [Cristo] batizará com o Espírito Santo e com fogo", falava da superioridade do batismo de Jesus. Água só lava o que é externo, mas o Espírito e o fogo regeneram e purificam o interior. Assim é a grande realidade que habita e nos enche de alegria, de ser batizado com o Espírito e com fogo. O Espírito Santo está tornando novas todas as coisas, constantemente conformando-nos à imagem de Cristo.

Oração

Cordeiro de Deus, nosso batismo é sinal de que fomos salvos, não por nossas justiças, mas porque nos foi dada a justiça de Cristo. Que não façamos do batismo o objeto de nossa confiança, mas que olhemos para a obra purificadora de Jesus, belamente ilustrada pelo batismo. Amém.

Pergunta 46

O que é a Ceia do Senhor?

Cristo ordenou que todos os cristãos comessem do pão e bebessem do cálice em grata memória dele e de sua morte. A Ceia do Senhor é a celebração da presença de Deus em nosso meio; trazendo-nos à comunhão com Deus e uns com os outros; alimentando e nutrindo nossas almas. Também antevê o dia em que comeremos e beberemos com Cristo no reino de seu Pai.

1 CORÍNTIOS 11.23-26

Porque eu recebi do SENHOR o que também vos ensinei: que o Senhor Jesus, na noite em que foi traído, tomou o pão; e, tendo dado graças, o partiu e disse: Tomai, comei; isto é o meu corpo, que é partido por vós; fazei isso em memória de mim. De forma semelhante, depois de cear, tomou o cálice, dizendo: Este cálice é o novo testamento no meu sangue; fazei isto todas as vezes que beberdes, em memória de mim. Porque, todas as vezes que comerdes este pão e beberdes este cálice, anunciais a morte do Senhor, até que venha.

Comentários

RICHARD BAXTER

Ó, que inefáveis mistérios e tesouros de misericórdia estão aqui apresentados em um sacramento! Temos aqui comunhão com um Deus reconciliado, e somos trazidos à sua presença pelo grande Reconciliador. Aqui temos comunhão com nosso bendito Redentor, crucificado e glorificado, e oferecido a nós, como nossa Cabeça vivificadora, preservadora, fortalecedora. Aqui temos comunhão com o Espírito Santo, que aplica às nossas almas os benefícios da redenção, atraindo-nos ao Filho, comunicando a nós sua luz, sua vida e sua força, aumentando e ativando suas graças em nós. Aqui temos comunhão com o corpo de Cristo, seu povo santificado, os herdeiros da vida. Quando o ministro de Cristo, por sua comissão, representa a nossos olhos o Cristo crucificado, pelo pão e vinho designado para este uso, vemos Cristo crucificado, como se estivesse diante de nós, e nossa fé se apropria dele, e nós percebemos a verdade do remédio; e edificamos nossas almas sobre essa rocha. Quando o mesmo ministro, por comissão de Cristo, oferece-nos seu corpo, e sangue, e seus benefícios, é firme e válido a nós, como se da boca do próprio Cristo fossem oferecidos. E, quando nossas almas o recebem, por aquela fé que o Espírito Santo deserta em nós, a participação é tão verdadeira quanto a de nossos corpos recebendo o pão e o vinho que o representam.[58]

LIGON DUNCAN

A Ceia do Senhor é sinal e selo da aliança. Isso significa que ela representa e confirma-nos a preciosa promessa de Deus de que, por meio de Jesus Cristo, ele será nosso Deus, e nós, seu povo. Na Ceia do Senhor, temos uma lembrança, uma celebração da presença de Deus e uma experiência de comunhão. Temos também algo que nos nutre e, na Ceia do Senhor, antevemos a glória vindoura.

Primeiro, temos uma lembrança na Ceia do Senhor. Na Ceia do Senhor, Jesus disse aos discípulos que iriam proclamar sua morte até que ele venha. O pão e o vinho, o corpo e o sangue de Cristo na Ceia do Senhor, são a representação de um sacrifício pactual. Os dois elementos constituintes indicam que a morte de Jesus foi um ato proposital de sua parte. Ele se entregou como sacrifício em nosso lugar, pelo perdão de nossos pecados. Assim, sempre que celebramos a Ceia do Senhor, devemos nos lembrar do significado e da importância da morte de Jesus Cristo em nosso favor. Temos de nos lembrar dele. "Fazei isto em memória de mim" (Lc 22.19). Celebramos a gloriosa obra de expiação que Jesus Cristo realizou por nós.

Segundo, a Ceia do Senhor é também uma celebração da presença de Deus. Não é maravilhoso sermos convidados a nos pôr de joelhos junto à mesa de Deus? Isso é realmente surpreendente à luz de nossa rebeldia. Em Gênesis 3, Satanás disse a Eva e a Adão: "Tomai e comei deste fruto". Comeram o fruto contra o mandamento de Deus, e qual foi o resultado? Resultou em satisfação e plenitude? Não. Resultou em sua expulsão da presença de Deus. Mas, à Mesa do Senhor, o próprio Senhor Jesus nos convida a entrar em sua presença. Quando Jesus diz a seus discípulos "Tomai e comei", reverte as palavras da serpente no jardim. Derek Kidner tem esta frase maravilhosa: "Deus sentirá o sabor da pobreza e da morte antes de 'tomai e comei' se tornarem verbos de salvação".[59] Experimentamos isso todas as vezes que vamos à Mesa do Senhor, sempre que ouvimos o pastor dizer: "Tomai e comei dele, todos". É uma celebração sermos reunidos a Deus, termos sua presença conosco e nosso prazer em sua comunhão próxima.

Terceiro, a Ceia do Senhor é comunhão. É comunhão com Deus e com seu povo. Não comungamos apenas com o Deus vivo pela graça; não comungamos apenas com o Deus vivo por aquilo que Jesus fez por nós na cruz; comungamos também uns com os outros. Quando somos unidos ao Senhor Jesus Cristo, estamos unidos a todos que estão unidos a ele. Por essa razão, Paulo diz aos coríntios: "Vocês têm de discernir o corpo" (1 Co 11.29). Ele não está dizendo que precisam entender algo místico sobre os elementos da Ceia do Senhor. Qual é o corpo de que ele fala? O corpo de Cristo, a Igreja, a comunhão dos crentes.

Finalmente, a Ceia do Senhor é alimento espiritual. É um meio de graça. É uma das maneiras designadas por Deus para nos edificar e nutrir, confirmar nossa fé e nos fortalecer para o crescimento. A Ceia do Senhor antecipa a glória vindoura. Jesus lavou os pés dos discípulos na noite em que foi traído, e serviu-lhes os elementos da Ceia do Senhor. De modo interessante, quando Jesus fala das Bodas do Cordeiro na consumação (Lc 12.37), em glória, quando chegar o grande final e todos o tiverem reconhecido como Rei, ele diz que naquele dia nos convidará a nos reclinar, assim como os discípulos se reclinaram na noite da Ceia do Senhor, e ele se apresentará e nos servirá.

Sim, na Ceia do Senhor, antevemos o jantar de bodas do Cordeiro, onde vamos nos sentar uns com os outros em glória, e nosso Salvador nos servirá tudo de que precisamos. Que alegria é vir para a Mesa do Senhor!

Oração

Pão da Vida, tomamos a Ceia do Senhor em reverente obediência. Não queremos recebê-la indignamente; assim, aproximamo-nos em arrependimento e fé. Ajuda-nos a perdoar os pecados daqueles que pecaram contra nós, especialmente os crentes com os quais compartilhamos o pão e o cálice. Que nossa participação nessa refeição proclame tua morte salvadora e nossa profunda necessidade dela! Amém.

Pergunta 47

A Ceia do Senhor acrescenta alguma coisa à obra expiadora de Cristo?

Não, Cristo morreu uma vez para sempre. A Ceia do Senhor é uma refeição pactual que celebra a obra de expiação de Cristo; também é um meio de fortalecimento de nossa fé enquanto olhamos para ele, e um saborear anterior do banquete futuro. Mas aqueles que participam com corações não arrependidos comem e bebem juízo para si.

1 PEDRO 3.18

Porque também Cristo padeceu uma vez pelos pecados, o justo pelos injustos, para nos levar a Deus; mortificado, na verdade, na carne, mas vivificado pelo Espírito;

Comentários

J. C. RYLE

Que resolvamos firmemente em nossas mentes que a Ceia do Senhor não foi dada como meio de justificação ou conversão. Nunca foi o intento de dar graça onde já não há graça. Não pode prover perdão onde o perdão já não estiver mais sendo gozado. Não é possível que providencie o que falta na ausência do arrependimento para com Deus, e fé para com o Senhor Jesus Cristo. É ordenança para os penitentes, não para os impenitentes, para os que creem, não para os descrentes, para os convertidos, não para os não convertidos. O homem não convertido, que imagina conseguir um atalho para o céu ao tomar o sacramento, sem andar pelos passos gastos do arrependimento e da fé, descobrirá um dia, em seu prejuízo, que foi totalmente enganado. A Ceia do Senhor tem o propósito de aumentar e ajudar a graça que a pessoa tem, mas não concede a graça que ela não possui. Com certeza nunca teve a intenção de promover nossa paz com Deus, justificar ou converter.

A mais simples declaração do benefício que um comungante de coração verdadeiro pode esperar receber da Ceia do Senhor é o fortalecimento e a renovação da alma. Visões mais claras de Cristo e de sua expiação, visões mais nítidas de todos os ofícios que Cristo cumpre como nosso Mediador e Advogado, visões mais claras da completa redenção que Cristo obteve por nós por sua morte vicária na cruz, visões mais claras de nossa plena e perfeita aceitação em Cristo diante de Deus, novas razões para o profundo arrependimento pelo pecado, renovadas razões para uma fé viva, novas razões para viver uma vida santa, consagrada, semelhante à de Cristo — essas estão entre as principais vantagens que o crente pode esperar, com confiança, obter por participar da Mesa do Senhor. Ele, que come o pão e toma o vinho no espírito certo, encontra-se atraído por uma comunhão mais profunda com Cristo, desejoso de conhecê-lo mais, de entender melhor (...) Ao comer o pão e beber do cálice, tal pessoa terá seu arrependimento mais profundo, sua fé aumentada, seu conhecimento ampliado e seu hábito de viver santamente fortalecido. Perceberá mais da "real presença" de Cristo em seu coração. Comendo o pão pela fé, sentirá mais próxima a comunhão com o corpo de Cristo. Tomando o vinho pela fé, sentirá a comunhão mais próxima do sangue de Cristo. Verá com maior clareza o que Cristo significa para ela, e o que ela significa para Cristo. Entenderá mais completamente o que significa ser "um com Cristo, e Cristo um com ela". Sentirá as raízes da vida espiritual de sua alma regadas, e a obra de graça em seu coração estabelecida, edificada e transmitida adiante. Todas essas coisas podem soar como uma tolice para o homem natural, mas, para o verdadeiro cristão, tais coisas são luz, saúde, vida e paz.[60]

LEO SCHUSTER

Recentemente, vi uma propaganda de restaurante que tinha simplesmente o nome do restaurante e as palavras *jantar espiritual*. Fiquei a perguntar sobre se a melhor refeição seria mais do que uma mera experiência material. Isso me fez pensar na Ceia do Senhor, *a* refeição espiritual por excelência, e o que ela faz e não faz. Na verdade, existem três dimensões do que a Ceia do Senhor faz: passada, presente e futura.

Quando Jesus instituiu a Ceia do Senhor, disse aos discípulos: "Fazei isto em memória de mim" (Lc 22.19), ressaltando que o que estava prestes a fazer apontaria para trás, para a memória do que ele fazia por eles. Quando nos lembramos do que Jesus fez por nós, baseamos nossas vidas em sua obra acabada. A Ceia do Senhor não é um meio para angariar salvação; é uma refeição espiritual para aqueles que são salvos. Não acrescenta nada à obra consumada de Cristo, seu sacrifício de uma vez para sempre, mas confirma e fortalece-nos nele. Torna-se uma espécie de taquigrafia do evangelho, em que, como disse um escritor da antiguidade, primeiro ouvimos o evangelho, depois provamos o evangelho e, assim, o evangelho vai em frente em nossa vida sobre duas pernas. Como disse Paulo em 1 Coríntios, "porque, todas as vezes que comerdes este pão e beberdes este cálice, anunciais a morte do Senhor, até que ele venha" (11.26). Como cristãos, comemos e bebemos para relembrar o triunfo de Jesus. Esta é a dimensão passada.

Paulo aponta para a dimensão presente da Ceia do Senhor quando escreve em 1 Coríntios: "Porventura o cálice de bênção, que abençoamos, não é a participação no sangue de Cristo? O pão que partimos não é porventura a participação no corpo de Cristo?" (10.16). O termo "*participação*" poderia ser traduzido também como "comunhão". É daí que dizemos que a Ceia do Senhor, a *comunhão*, não é apenas uma lembrança simbólica do que Jesus fez por nós; é também uma comunhão presente de uns com os outros e com Jesus. É importante notar que o pão e o vinho não mudam em nada. Jesus não está fisicamente presente, mas está presente espiritualmente quando o Espírito Santo o exibe a nós pela fé. Ora, para aqueles que não estão espiritualmente resolvidos, a Ceia do Senhor é um chamado para receber Cristo, em vez de participar da refeição. Ao testemunhar os cristãos participando, eles são encorajados a ouvir o eco do amável chamado de Jesus: "Eu sou o pão da vida; aquele que vem a mim não terá fome, e quem crê em mim nunca terá sede". (Jo 6.35). Quando, como crentes, tomamos a comunhão pela fé, Jesus vem ao nosso encontro, unindo-nos como comunidade, nutrindo-nos com ele mesmo e nos fortalecendo para amá-lo e obedecer a ele. Essa é a dimensão presente.

Quando Jesus deu o cálice a seus discípulos, disse: "E digo-vos que, desde agora, não beberei deste fruto da vide, até aquele dia em que o beba de novo convosco no reino de meu Pai" (Mt 26.29). Com essas palavras, ele os direcionou à dimensão futura da Ceia do Senhor, como um sinal que aponta para o grande dia que aguardamos. É um antegosto das bodas do Cordeiro e do banquete eterno que os crentes gozarão com Cristo em glória. Agora somos criaturas quebradas devido ao pecado. Pelo corpo quebrado de Cristo, somos feitos inteiros de novo. Mas, nesta vida, continuamos a experimentar o quebrantamento de nossa condição caída. A dimensão futura da Ceia do Senhor aponta para frente, na esperança do dia em que seremos nova e completamente integrados e íntegros, em que gozaremos, com o nosso Salvador e um com o outro, o banquete que comeremos na melhor das companhias.

Oração

Vencedor sobre a Morte, celebramos tua obra consumada quando tomamos a Ceia do Senhor. Que nosso alimento seja uma confissão de fé, pois, embora sejamos indignos, fomos reunidos à dignidade de Cristo. Que nos aproximemos de tua Mesa com corações arrependidos, deixando de lado todo orgulho e autossuficiência, desfrutando da livre graça que nos ofereces. Amém.

Pergunta 48

O que é a Igreja?

Deus escolhe e preserva para si uma comunidade eleita para a vida eterna e unida pela fé, que, em conjunto, ama, segue, aprende e adora a Deus. Deus envia essa comunidade para proclamar o evangelho e prefigurar o reino de Cristo pela qualidade de sua vida em conjunto e seu amor uns para com os outros.

1 TESSALONICENSES 2.13

Por isso também damos, sem cessar, graças a Deus, pois, havendo recebido de nós a palavra da pregação de Deus, a recebestes, não como palavra de homens, mas (segundo é, na verdade) como palavra de Deus, a qual também opera em vós, os que creram.

Comentários

CHARLES HADDON SPURGEON

Meus irmãos, permiti que eu diga, sede como Cristo em todo o tempo. Imitai-o em público. A maioria de nós vive em alguma espécie de publicidade; muitos de nós somos chamados a trabalhar diante de nosso próximo todo dia. Somos vigiados, nossas palavras são pegas; nossas vidas, examinadas, despedaçadas. O mundo arguto, com um olhar de águia, observa tudo o que fazemos, e críticos afiados estão sobre nós. Que vivamos a vida de Cristo em público. Tomemos cuidado para mostrar nosso Mestre, e não a nós mesmos — para que digamos: "Não mais vivo eu, mas Cristo vive em mim". Tomai cuidado para levar isso também para dentro da Igreja... Sede como Cristo na Igreja. Quantos há entre vós que buscam a preeminência? Quantos estão tentando obter dignidade e poder sobre seu próximo, os que são como ele, cristãos, em vez de lembrar que é regra fundamental de todas as nossas igrejas, que nela são todos iguais — irmãos semelhantes, iguais para ser recebidos dessa forma. Levai, portanto, o espírito de Cristo em vossas igrejas, onde quer que estejais; que teus colegas membros digam contigo: "Ele esteve com Jesus".[61]

JOHN YATES

A Igreja é a família de Deus. No Novo Testamento, é chamada de comunidade da nova aliança. É o corpo do qual Cristo é a Cabeça. É a noiva de Cristo. Somos chamados povo santo, nação santa, sacerdócio real. A Igreja é o povo que foi feito filho de Deus, adotado por Deus por meio de Jesus Cristo. A Igreja consiste em todas as culturas, todos os grupos étnicos, pessoas no perpassar das eras, todos que vieram crer em Jesus Cristo como Senhor.

Em minha tradição, a tradição anglicana, temos uma declaração de fé chamada de Trinta e Nove Artigos. Lá, a Igreja é descrita da seguinte forma:

A Igreja local e visível de Cristo é uma congregação de homens e mulheres fiéis, em que a pura Palavra de Deus é pregada e os Sacramentos são ministrados de acordo com a ordenança de Cristo... A igreja não tem autoridade exceto em submissão a Cristo, e não é legítimo a igreja ordenar nada contrário à Palavra escrita de Deus, nem ela pode expor uma parte da Escritura algo que seja repugnante a outra.*

Os credos antigos descrevem a Igreja como "única santa, católica e apostólica". É *uma* só, porque a Igreja é um corpo sob uma cabeça. É *santa*, porque o Espírito Santo habita nela e a consagra, dirigindo os

* Artigos 19 e 20 dos Trinta e Nove Artigos.

membros da igreja na obra de Deus. Ela é *católica*, que significa *por todo o mundo*, proclamando toda a fé apostólica a todos os povos até o fim dos tempos. Ela é *apostólica*, ou seja, damos continuidade ao ensino e *à* comunhão dos apóstolos, e somos enviados na missão de Cristo a todos os povos.

Não escolhemos quem vai fazer parte da igreja, assim como não temos como dizer quem serão nossos irmãos ou primos na família. Deus é quem escolhe. Qualquer que seja a denominação ou o grupo específico a que pertença, o povo de Deus faz parte da Igreja e são todos irmãos e irmãs. A Igreja é resumida neste maravilhoso e antigo hino de Samuel J. Stone:

> Da igreja, o fundamento
> É Cristo, o Salvador!
> Em seu poder descansa
> E é forte em seu amor.
> Pois nele alicerçado,
> Segura e firme está,
> E sobre a Rocha Eterna
> Jamais se abalará.
>
> Eleitos de todas as nações,
> Mas um em toda a terra;
> A carta de salvação:
> um Senhor, uma só fé, um só nascer.
> Bendiz um só santo nome
> Do alimento santo, participa,
> e numa só esperança prossegue,
> toda graça concedida.[64]

Oração

Rei sobre todos, tu nos ajuntaste como família de Deus. Mantém-nos fiéis em adorarmos juntos, amarmos uns aos outros e provermos as necessidades uns dos outros. Que nossa comunhão seja autêntica; ajuda-nos a estimular uns aos outros na fé. Amém.

Pergunta 49

Onde Cristo está agora?

Cristo ressurgiu corporalmente da sepultura no terceiro dia após a sua morte e está à destra do Pai, governando em seu reino e intercedendo por nós, até voltar para julgar e renovar toda a terra.

EFÉSIOS 1.20-21

Que manifestou em Cristo, ressuscitando-o dentre os mortos, e pondo-o à sua direita nos céus. Acima de todo o principado, e poder, e potestade, e domínio, e de todo o nome que se nomeia, não só neste século, mas também no vindouro.

Comentários

CHARLES WESLEY

Saudai o dia que o vê ressurgir,
Tirado de nossos olhos desejosos!
Cristo, dado aos mortais por um tempo,
Reascende a seu céu nativo!
Ali, espera-o faustoso triunfo:
"Levantai vossas cabeças, portais eternos,
Abri bem largo a cena radiante,

Recebei em vós o Rei da Glória!"
Rodeado de poder angelical,
O seu e nosso Senhor triunfante,
Venceu a morte e o pecado,
Recebei em vós o Rei da Glória!

E, embora a ele o mais alto céu receba,
Ele ainda ama a terra que deixou;
Ainda que retorne a seu trono,
Ele chama de sua a humanidade.
Vede! Ele levanta suas mãos para cima!
Vede! Ele mostra as marcas de seu amor!
Eis! Seus lábios de graça concedem
Bênçãos sobre sua Igreja lá embaixo!

Ainda por nós, sua morte ele roga;
Prevalecente, ele intercede;
Junto a si prepara nosso lugar,
Precursor da raça humana.
Mestre (para sempre diremos)
Hoje tirado de nossa cabeça;
Vê teus fiéis servos, vê!
Sempre contemplando a ti.
Concede, embora apartado de nossa visão,
No alto e acima das alturas azuis,
Concede que nossos corações subam até ti,
Seguindo-te além dos céus.
Sempre para cima que nos movamos,
Levantados por asas de amor;
Aguardando quando voltará nosso Senhor,
Sequiosos, ansiando pelo lar.

Ali contigo permanecendo,
Participantes de teu reino eterno;
Que ali vejamos sem nuvens tua face,
Encontrando o céu dos céus em ti![65]

DAVID BISGROVE

Sem dúvida, você já ouviu o ditado "Longe dos olhos, longe do coração". Alguém que não está por perto, a quem não vemos há muito tempo, não causa muito impacto nem tem muita relevância em nossa vida de cada dia. A Bíblia nos conta que, depois da ressurreição de Jesus, ele subiu ao céu, desaparecendo do campo de visão, não mais sendo visto. Mas também é-nos dito que, por causa do lugar onde hoje reside, podemos ter certeza de que é relevante à nossa vida cotidiana.

Onde está Jesus agora? Sentado à mão direita de Deus Pai. Que diferença isso faz para nós, em nossa vida do dia a dia? Primeiro, lembra que Jesus reina sobre toda a criação. O Salmo 110 pinta um belo quadro dos inimigos de Deus como escabelo de seus pés, onde Jesus pisa enquanto está sentado à destra do Pai. Você vê o consolo disso em sua vida diária? Quando estiver lutando contra o desânimo e os desapontamentos, ou amargurado quanto ao jeito como a vida se desenrola, ou desanimado e zangado com toda a injustiça e todo o mal que existem no mundo, e como Davi no Salmo 37, sentir-se tentado a perguntar por que os ímpios prosperam, considere onde Jesus está agora. Ele está à mão direita de Deus Pai. Veja-o ali. Os inimigos estão a seus pés, sendo pisados. Aquele que venceu a morte agora reina sobre a terra. Efésios 1 diz que Jesus recebeu toda a autoridade e um dia retornará, endireitando os lugares tortuosos. Permita que, onde Jesus está agora, dê-lhe esperança e coragem para confiar nele e segui-lo.

Existe mais ainda. Jesus não é somente o Rei que reina; é também o sacerdote que intercede. Hebreus 10 nos diz que Jesus é o grande Sumo Sacerdote, que sobre a cruz ofereceu a si mesmo como sacrifício máximo pelo pecado. Agora ele intercede por nós, orando por nós à destra do Pai. Ele é nosso advogado em todos os sentidos da palavra. Assim, ver Jesus à mão direita de Deus como nosso Sumo Sacerdote é lembrar que não há condenação por nossos pecados, que Jesus sacrificou a si mesmo para que fôssemos unidos a ele. Portanto, temos direitos plenos, como filhos de Deus.

Sim, Jesus está longe de nossos olhos. Não o enxergamos fisicamente. Mas ele está ativo em nossa vida no dia a dia, neste mundo, enquanto à destra de Deus Pai ele governa como nosso rei, intercede como nosso sacerdote, e aguarda voltar para nós, quando, então, enxugará toda lágrima, transformará espadas em arados, e inundará o mundo inteiro com sua glória e graça.

Oração

Senhor ressurreto e ascenso, embora não andas mais sobre esta terra, tu reinas do teu trono. Toda autoridade e todo poder pertencem a ti. Teu nome está acima de todos os nomes. Levanta-nos no último dia, para que vivamos contigo em teu reino. Amém.

Pergunta 50

O que significa para nós a ressurreição de Cristo?

Cristo triunfou sobre o pecado e a morte ao ressuscitar fisicamente, de modo que todo aquele que nele confia ressurgirá para uma nova vida neste mundo e para a vida eterna no mundo que está por vir. Assim como um dia seremos ressurretos, também este mundo será restaurado um dia. Mas os que não confiam em Cristo ressurgirão para a morte eterna.

1 TESSALONICENSES 4.13–14

Não quero, pois, irmãos, que sejais ignorantes acerca dos que já dormem, para que não vos entristeçais, como os demais, que não têm esperança. Porque, se cremos que Jesus morreu e ressuscitou, assim também aos que em Jesus dormem, Deus os tornará a trazer com ele.

Comentários

MARTYN LLOYD-JONES

Toda a criação será liberta da escravidão da corrupção e gozará da "gloriosa liberdade dos filhos de Deus" (Rm 8.21). Tudo será glorificado, até a própria natureza. Isso parece-me o ensino bíblico sobre o estado eterno: aquilo que chamamos de céu é a vida neste mundo perfeito como Deus intentou que a humanidade a vivesse. Quando ele colocou Adão no Paraíso, no começo, Adão caiu, e todos os homens caíram com ele, mas os homens e as mulheres são feitos para viver com o corpo, e todos viverão com um corpo glorificado num mundo glorificado, e Deus estará com eles.[66]

D. A. CARSON

A ressurreição de Jesus Cristo carrega consigo maravilhosas implicações. A primeira é que ela vindica Jesus. Noutras palavras, algumas pessoas achavam que, se Jesus morresse na cruz, só podia ser por ter merecido. Ele foi declarado culpado por um tribunal romano. O próprio Antigo Testamento insiste que todo aquele que for pendurado no madeiro está sob a maldição de Deus. Mas ele não morreu como amaldiçoado por causa dos próprios pecados (que ele não tinha). Morreu porque carregava sobre si os pecados dos outros, e esse sacrifício agradou tanto que Deus o ressuscitou dos mortos. Sua ressurreição é uma forma de vindicação. É uma prova positiva de que, quando Jesus disse, ao morrer: "Está consumado", Deus concordou. Seu Pai concordou. A obra da redenção foi cumprida, e o Pai vindica Jesus mediante a ressurreição.

A ressurreição também demonstra a preocupação do evangelho com os corpos dos seres humanos. Noutras palavras, algumas pessoas pensam em nosso estado final como uma espécie de seres espirituais etéreos sem conexão com o corpo. Uma parte elementar e fundamental da verdade cristã é que, no novo céu e na nova terra, o alvo máximo, o lar de justiça, não haverá somente existência celestial. Essa será também uma existência terrena. É um novo céu *e uma nova terra*, onde teremos corpos ressurretos como o de Cristo. Esse é um dos grandes argumentos de 1 Coríntios 15. Paulo defende que, se Cristo ressurgiu da morte em um corpo ressurreto — que, por mais estranho e surpreendente que fosse, podia ser tocado e sentido, era possível falar com ele, vê-lo e até comer alimentos humanos — então nós, quando finalmente formos ressurretos no dia final, entraremos no estado final e teremos corpos ressurretos como o dele. Esse é o nosso destino. Assim, sua ressurreição são as primícias do que muitas vezes chamamos de ressurreição geral no fim dos tempos. Todo ser humano será ressurreto, quer para a vida, quer para a condenação, porque somos essencialmente pessoas com corpos.

Com isso, vem a visão da vida e da existência além desta vida. Não devemos pensar que o cristianismo resolve apenas alguns problemas de nossa vida aqui. Pelo contrário, o último alvo vai além desta vida. Quando envelhecemos e mais cabelos caem de nossa cabeça e a artrite nos invade, de repente a ressurreição nos parece algo bom, porque nossa esperança não é sobreviver até os 70, 80 ou 90 anos. Nossa esperança é finalmente ter um corpo como o corpo ressurreto de Cristo. O dele é a primícia; o nosso foi assegurado por ele, e estamos indo atrás dele para nos juntar na existência da ressurreição: existência de corpo inteiro da ressurreição no novo céu e na nova terra, no lar da justiça. Por isso 1 Tessalonicenses 4, o grande capítulo da ressurreição, termina com as seguintes palavras: "Consolai-vos, pois, com essas palavras".

Oração

Deus ressurreto, torna-nos conscientes de que a morte não é nosso fim. Salva-nos do juízo que merecemos, a fim de insistirmos com outros para que fujam da ira vindoura. Olhamos com esperança para a alegria que será nossa quando, salvos da ira pelos merecimentos de Cristo, seremos revestidos de corpos ressurretos para reinar sobre uma terra renovada. Amém.

Pergunta 51

Qual é a vantagem para nós da ascensão de Cristo?

Cristo ascendeu fisicamente em nosso favor, assim como por nós desceu fisicamente à terra, e agora é nosso advogado na presença do Pai, preparando para nós um lugar, e também nos enviando seu Espírito.

ROMANOS 8.34

Quem condena? Pois foi Cristo quem morreu ou, antes, quem ressuscitou dentre os mortos, o qual está à direita de Deus e também intercede por nós.

Comentários

CHARLES WESLEY

Levanta, minha alma, levanta! Sacode teus culposos temores;
Surge o Sacrifício sangrento em meu favor.
Perante teu trono, está minha Garantia;
Meu nome está escrito em suas mãos.

Ele vive para sempre acima, intercedendo por mim,
Seu amor que tudo redime, seu sangue precioso implora.
Seu sangue expiou por toda a nossa raça,
Aspergindo agora sobre o trono de graça.

Sangrentas suas cinco feridas, recebidas no Calvário;
Que derramam efetivas orações, intercedendo com poder por mim:
"Perdoa, ó, perdoa!", clamam.
"Não permita que morra esse pecador redimido."

Meu Deus se reconciliou; ouço sua voz de perdão.
Ele me possui como seu filho; não posso mais temer.
Agora me aproximo dele com confiança,
E clamo: "Pai, Aba Pai!".[67]

BRYAN CHAPELL

A ascensão é o entronizar de Cristo como Rei sobre tudo. Quando ele subiu ao céu, mostrou ter domínio sobre a morte e continua ocupando seu lugar de autoridade sobre todo o mundo. Aquele que criou o mundo é o mesmo que continua a governá-lo pela palavra de seu poder.

Ora, quando dizemos que Cristo reina, dizemos que, em sua ascensão, ele assumiu o ofício de Rei que tinha antes de vir para a terra. Enquanto esteve na terra, ele continuou a manter todas as coisas e a realizar todos os seus propósitos, até sua morte e ressurreição. Agora, como Senhor Ascenso, ele é Senhor de tudo, de todas as coisas. É ele quem controla todas as coisas para que cooperem para o bem daqueles que o amam. Mas ele não é simplesmente Rei. Em sua ascensão, também intercede por nós à mão direita de Deus. Continua a cumprir o ofício de sacerdote, provendo o que for necessário como advogado e intercessor diante do Pai. Quando oramos a Deus, arrependidos de nossos pecados, os pecados são tomados pelo Filho de Deus, que age como aquele que hoje intercede por nós, sacerdote em nosso favor, para que Deus ouça e atue em nosso favor.

Jesus não somente age como Rei e Sacerdote em nosso favor, como também continua a enviar sua Palavra em nossos corações pela obra de seu Espírito. O Espírito Santo, lembre-se, testifica Cristo. A razão pela qual conseguimos entender a Palavra de Deus — não só sua lógica, mas também seu significado — é que o Espírito Santo enviado por Cristo abre nossos corações nesse sentido. Isso quer dizer que essa Palavra vem de Cristo e nos é dada pelo Espírito, e Jesus continua a operar como profeta em nosso favor na Palavra de Deus, para que possamos andar com ele, entendê-lo e compreender sua graça.

Isso tudo significa que, em sua ascensão, Cristo opera em prol de nosso bem no presente. Ele reina sobre as circunstâncias atuais. Advoga por nós onde estamos. Envia sua Palavra a nossos corações, para que possamos lidar com as circunstâncias presentes. Mas esse não é o fim de seu trabalho.

Como Profeta, Sacerdote e Rei, ele prepara nosso futuro. Todas as coisas estão cooperando para a culminação divina, a consumação da glória de Deus por aquele que reina sobre tudo com os propósitos que ele designou. Como Rei, ele está preparando um lugar para nós de grande bênção de Deus. Como Sacerdote, vai garantir que, quando estivermos diante do trono de julgamento, seremos feitos justos diante de Deus pela obra purificadora de seu sangue. A natureza sacerdotal de Jesus será destacada quando nos curvarmos diante do Cordeiro de Deus, que, com seu sangue, comprou para Deus homens e mulheres de toda tribo, língua e nação. Esse papel sacerdotal, Cristo também desempenhará enquanto prepara para nós um futuro. Por último, por seu Espírito, ele garante todos os que são seus e, assim, Deus, por seu Espírito, realiza sua vontade não só no mundo presente, mas também pela eternidade. Assegura, pelo poder do Espírito, tudo que ele intenta, enviando-o por seus propósitos, poder e infinito amor de Jesus Cristo.

O Senhor ascenso é aquele que, por ser Profeta, Sacerdote e Rei, governa nosso presente e prepara nosso futuro.

Oração

Salvador intercessor, tu não deixas de demonstrar compaixão por teu povo. Tu foste tentado em tudo como nós, e agora intercedes por nós quando somos tentados. Roga por nós ao Pai, pois és nosso advogado diante do juiz de toda a terra. Amém.

Pergunta 52

Que esperança tem a vida eterna para nós?

Lembra-nos que este presente mundo caído não é tudo que existe; logo viveremos com Deus e teremos satisfação nele para sempre na nova cidade, no novo céu e na nova terra, onde estaremos plenamente e para sempre libertos de todo pecado, e habitaremos corpos renovados, ressurretos, em uma nova criação renovada e restaurada.

APOCALIPSE 21.1-4

Vi um novo céu e uma nova terra. Porque já o primeiro céu e a primeira terra passaram, e o mar já não mais existe. E eu, João, vi a santa cidade, a nova Jerusalém, que de Deus descia do céu, adereçada como uma esposa ataviada para seu marido. E ouvi uma grande voz do céu, que dizia: Eis aqui o tabernáculo de Deus com os homens, pois com eles habitará, e eles serão o seu povo, e o mesmo Deus estará com eles, e será o seu Deus. E Deus limpará de seus olhos toda lágrima; e não haverá mais morte, nem pranto, nem clamor, nem dor; porque já as primeiras coisas são passadas.

Comentários

J. C. RYLE

Resolvamos em nossa mente, em primeiro lugar, que a *futura felicidade* dos salvos é eterna. Por menos que compreendamos isso, é algo que não terá fim: jamais acabará, nunca ficará velho, nunca apodrecerá, jamais morrerá. "À tua mão direita, há delícias perpetuamente" (Sl 16.1). Uma vez no paraíso, os santos de Deus não sairão mais. A herança é "incorruptível, incontaminável e não se pode murchar, guardada nos céus para vós". Eles alcançarão "a incorruptível coroa da glória" (1Pe 1.4; 5.4). Sua guerra acabou; a batalha terminou; seu trabalho findou. Não teremos mais fome nem sentiremos sede. Prosseguiremos viajando rumo a um "eterno peso de glória", em direção ao lar que jamais será destruído, uma reunião sem partida, um encontro de família sem separação, um dia sem noite. A fé será engolida pela vista; e a esperança, pela certeza. Veremos como somos vistos, e conheceremos como somos conhecidos, e "estaremos para sempre com o Senhor". Não é de admirar que o apóstolo Paulo acrescente: "Consolai-vos, pois, uns aos outros, com estas palavras" (1Ts 4.17–18).

TIMOTHY KELLER

A resposta do catecismo nos diz duas coisas sobre o glorioso futuro que o evangelho nos assegura que está por vir.

Primeiro, teremos para sempre prazer em Deus. Sendo Deus triuno em si mesmo, Pai, Filho e Espírito Santo glorificam uns aos outros, tendo prazer uns nos outros, adorando uns aos outros, amando uns aos outros. Portanto, Deus, dentro de si mesmo, tem alegria infinita. Fomos criados para compartilhar dessa alegria. Fomos criados para glorificá-lo e participar dessa glória. Mas nenhum de nós, nem os cristãos mais fortes dos dias atuais, já experimentou o que é essa alegria — perfeita, cósmica, infinita, crescendo sem fim —, porque todos nós adoramos outras coisas. Um dia, estaremos livres do pecado e, então, conheceremos e experimentaremos essa glória e essa alegria. E gozaremos para sempre delas.

Segundo, gozaremos dele para sempre na nova cidade de Jerusalém, em novos céus e em nova terra. Experimentaremos essa alegria cósmica, não em condição puramente imaterial, pois estaremos em uma criação material restaurada. Teremos corpos ressurretos como o corpo de Jesus — corpos físicos. Isso quer dizer que, conforme o cristianismo, o corpo e a alma, o físico e o espiritual, estarão juntos em perfeita harmonia para sempre. Nenhuma outra religião enxerga assim. Não vamos flutuar como espíritos desincorporados, mas dançaremos. Marcharemos. Abraçaremos. Comeremos e beberemos no reino de Deus. Isso quer dizer que todos os nossos mais profundos anseios serão realizados. Todas as mais profundas tristezas serão apagadas.

O que poderia ser melhor que isso? É isso que vamos experimentar. Nada menos.

Oração

Eterno Deus, aguardamos, ansiosos, a plenitude de teu reino. Ansiamos pelo dia em que toda lágrima secará. Gememos pelo dia em que não teremos mais de lutar contra a carne. Que a segura esperança da vida eterna nos dê coragem para enfrentar as provações desta vida! Amém. Vem, Senhor Jesus!

Comentaristas Históricos

Atanásio de Alexandria (296–373 d.C.) era bispo da igreja primitiva, sendo chamado "Pai da Ortodoxia", por haver liderado a luta contra a heresia ariana. Fez parte do Primeiro Concílio de Niceia (325 d.C.) e foi exilado de seu lar e ministério cinco vezes distintas, em virtude de controvérsias políticas e teológicas.

Agostinho de Hipona (354–430 d.C.) foi bispo em Hipona, no norte da África Romana, filósofo e teólogo. O próprio relato de sua conversão em *Confissões* é sua mais conhecida obra. Mas ele também foi um dos mais prolixos autores latinos em termos de obras que sobreviveram, com centenas de títulos separados (incluindo obras de apologética, textos sobre a doutrina cristã e comentários) e mais de 350 sermões preservados.

Richard Baxter (1615–1691), puritano inglês, serviu como capelão do exército de Oliver Cromwell e foi pastor em Kidderminster. Quando Jaime II foi deposto, Baxter foi perseguido e ficou preso por dezoito meses. Continuou a pregar, escrevendo mais tarde: "Eu pregava como se não tivesse a certeza de voltar a pregar, como um homem que morre falando a homens moribundos". Além de suas obras teológicas, escreveu poemas, hinos e seu próprio *Catecismo para a Família*.

Abraham Booth (1734–1806), ministro batista inglês, serviu como pastor da igreja da rua Prescot, em Whitechapel, Londres, por trinta e cinco anos. Também foi fundador do que hoje é conhecido como Regents Park College, faculdade voltada à formação ministerial, em Oxford. É mais conhecido por sua obra *The Reign of Grace*.

John Bradford (1510–1555) foi um reformador protestante inglês que estudou na Universidade de Cambridge e foi feito capelão real para o Rei Eduardo VI. Quando a católica Maria Tudor chegou ao trono, Bradford foi preso, junto com os bispos Latimer e Ridley, e o arcebispo Cranmer. Bradford tinha reputação como pregador, e uma vasta multidão foi assistir à sua execução. Ele é mais lembrado por sua declaração: "Ali segue, senão pela graça de Deus, John Bradford". Suas obras, algumas delas escritas na prisão, incluem cartas, exortações, elegias, meditações, sermões e ensaios.

John Bunyan (1628–1688), conhecido como o latoeiro de Elstow, passou por dramática conversão e tornou-se líder entre os pregadores puritanos. Com popularidade crescente, Bunyan tornou-se alvo de calúnia e libelo, e acabou sendo preso. Enquanto esteve preso, começou a escrever sua obra mais conhecida, *O peregrino*, impressa pela primeira vez em 1678.

João Calvino (1509–1564), teólogo, administrador e pastor, nasceu na França, em uma rígida família católica romana. Calvino trabalhou a maior parte de sua vida em Genebra e organizou ali a Igreja Reformada. Escreveu *Institutas da religião cristã*, o *Catecismo de Genebra* e numerosos comentários das Escrituras.

Oswald Chambers (1874–1917) foi pastor escocês, mais conhecido por seu clássico devocional *My Utmost for His Highest*. Fundou uma faculdade bíblica em Londres e serviu como capelão da YMCA (ACM – Associação Cristã de Moços) durante a Primeira Guerra Mundial. Após a sua morte como capelão no Cairo, sua viúva compilou e publicou *My Utmost for His Highest*, obra baseada na transcrição de seus sermões.

João Crisóstomo (347–407) foi arcebispo de Constantinopla. Nascido em Antioquia, recebeu o título de Crisóstomo, que significa "boca de ouro", devido às suas pregações eloquentes. É reconhecido como um santo pela Igreja Ortodoxa Oriental e a Igreja Católica, sendo doutor da Igreja. Crisóstomo é conhecido por sua *Divina Liturgia de S. João*

Crisóstomo e por suas vastas obras homiléticas, incluindo sessenta e sete homílias em Gênesis, noventa sobre o Evangelho de Mateus e oitenta e oito sobre o Evangelho de João.

Thomas Cranmer (1489–1556) foi reformador inglês e arcebispo da Cantuária quando a Igreja da Inglaterra, sob Henrique VIII, rompeu com o catolicismo romano. Em seu trabalho de reformar a liturgia da Igreja, escreveu *O Livro de Oração Comum*, que ainda hoje constitui fundamento para o culto anglicano.

Jonathan Edwards (1703–1758) foi pregador, teólogo e filósofo colonial norte-americano. Edwards tornou-se pastor da igreja de Northampton, Massachusetts, em 1726. É muito conhecido por seu sermão "Pecadores nas mãos de um Deus irado", como também por seus muitos livros, incluindo *The End for Which God Created the World* e *A Treatise Concerning Religious Affections*. Edwards morreu por causa de uma vacina de varíola, pouco tempo depois de iniciar sua presidência do College of New Jersey (instituição mais tarde conhecida como Universidade de Princeton).

George Herbert (1593–1633) era um sacerdote anglicano nascido em Gales; após a sua morte, tornou-se um dos mais amados poetas do século XVII. Abriu mão de uma destacada carreira em Oratória para se tornar pastor rural. Por todo o seu ministério, escreveu poesias devocionais, publicada depois de sua morte em uma coleção intitulada *The Temple*.

Martyn Lloyd-Jones (1899–1981) era médico galês e ministro protestante. Lloyd-Jones é mais conhecido por pregar e ensinar na Capela de Westminster, em Londres, por trinta anos. Ele levava muitos meses, até mesmo anos, para expor um capítulo da Bíblia, versículo por versículo. Mais conhecido por seu livro *Spiritual Depression*, bem como por um conjunto de comentários de quatorze volumes sobre Romanos.

Martinho Lutero (1483–1546), alemão, foi pastor e professor de teologia. Sua família queria que ele se tornasse advogado, mas Lutero assumiu ordens monásticas. Em 31 de outubro de 1517, Lutero postou as Noventa e Cinco Teses à porta da igreja de Wittenberg, desencadeando o início da Reforma Protestante. Sua recusa em negar seus escritos, sob a exigência do Papa Leão X e do Imperador Carlos V, resultou em sua excomunhão. Lutero escreveu muitas obras, incluindo os *Catecismos Maior e Menor*, e pregou centenas de sermões em igrejas e universidades.

John Owen (1616–1683) era teólogo puritano inglês. Cursou a Universidade de Oxford aos 12 anos, recebeu seu Mestrado em Artes aos 19 anos e tornou-se pastor aos 21. Anos mais tarde, foi designado vice-chanceler da universidade. Pregou ao Parlamento no dia após a execução do Rei Charles I, cumprindo a tarefa sem mencionar diretamente o acontecimento. Escreveu numerosas e volumosas obras, incluindo tratados históricos sobre religião e diversos estudos sobre o Espírito Santo.

J. C. Ryle (1816–1900) foi o primeiro bispo anglicano de Liverpool. A designação de Ryle contou com a recomendação do então primeiro-ministro, Benjamin Disraeli. Além de ser escritor e pastor, Ryle era atleta do remo e jogava críquete pela Universidade de Oxford. Foi responsável por construir mais de quarenta igrejas.

Francis Schaeffer (1912–1984) foi o pastor e o filósofo presbiteriano norte-americano mais famoso por seus escritos e por estabelecer a comunidade L'Abri ("o Abrigo") na Suíça. Escreveu vinte e dois livros, sendo os mais conhecidos *O Deus que intervém*, *A morte da razão* e *Ele está aí e não está calado*, como também *O manifesto cristão.*

Richard Sibbes (1577–1635), teólogo inglês puritano, conhecido como o "Doutor Sibbes Celestial". Pregador em Gray's Inn, Londres, e mestre de Catherine Hall, Cambridge, foi autor de diversas obras devocionais, sendo a mais famosa *The Bruised Reed and Smoking Flax* (A cana ferida e a linhaça fumegante).

Charles Simeon (1759–1836) foi reitor da Igreja Trinity, Cambridge, por quarenta e nove anos. A Simeon, foi oferecida a liderança da igreja quando ele se preparava para se formar na universidade. De início, os membros da congregação demonstraram seu desprazer pelas frequentes interrupções e por trancar as pequenas portas aos seus bancos na igreja, para que ninguém pudesse sentar neles. Simeon é mais conhecido por sua coleção *Horae Homilecticae*, um total de vinte e um volumes de esboços expandidos de sermões relativos a todos os sessenta e seis livros da Bíblia.

Charles Haddon Spurgeon (1834–1892), pregador batista inglês, tornou-se pastor da London's New Park Street Church (mais tarde chamada de Tabernáculo Metropolitano) aos 20 anos. Com frequência, ele pregava para mais de dez mil pessoas sem amplificação eletrônica. Spurgeon foi um escritor prolixo, e suas obras impressas são volumosas. Ele pregou quase três mil e seiscentos sermões e publicou quarenta e nove volumes de comentários, dizeres, hinos e devocionais.

Charles Wesley (1707–1788) foi pastor na Igreja da Inglaterra e compositor de muitos hinos amados, incluindo "Cristo já ressuscitou", "Como pode ser que eu tenha ganho?" e "Eis dos anjos a harmonia". Com seu irmão John, foi um dos primeiros líderes do movimento metodista.

John Wesley (1703–1791), pregador e teólogo inglês; credita-se a ele a fundação do Movimento Inglês Metodista. Viajava a cavalo, pregando duas ou três vezes ao dia, e dizem que ele pregou mais de quarenta mil sermões. Também era um notável compositor de hinos.

Colaboradores Contemporâneos

Thabiti Anyabwile é pastor da Igreja do Rio Anacostia em Washington, DC. Antes disso, serviu como pastor na Primeira Igreja Batista de Grand Cayman, por sete anos. É membro do conselho de The Gospel Coalition (TGC). Entre seus livros, estão *Reviving the Black Church* e *What is a Healthy Church Member?*

Alistair Begg é pastor titular Parkside Church, perto de Cleveland, Ohio, e membro do conselho da TGC. Escreveu diversos livros, mais recentemente *Lasting Love: How to Avoid Marital Failure*. Begg pode ser ouvido diária e semanalmente no programa de rádio "Truth for Life".

David Bisgrove é pastor líder para a congregação de Westside da Igreja Presbiteriana Redeemer em Manhattan. Antes de se tornar pastor, trabalhou em finanças e administração de programas de saúde.

D. A. Carson é professor pesquisador de Novo Testamento na Trinity Evangelical Divinity School, em Deerfield, Illinois. Também é presidente de The Gospel Coalition. Escreveu vários livros, incluindo *The Intolerance of Tolerance*, *Exegetical Fallacies* e *Christ and Culture Revisited*.

Bryan Chapell é pastor titular da Igreja Presbiteriana da Graça em Peoria, Illinois. Anteriormente, serviu como presidente do Seminário Teológico Covenant por dezesseis anos. Chapell escreveu muitos livros, incluindo *Christ-Centered Preaching* e *Christ-Centered Worship*. É membro do conselho de TGC.

Mark Dever é pastor titular da Igreja Batista de Capitol Hill em Washington, DC, e presidente de 9Marks, além de membro do conselho de TGC. Dever é autor de muitos livros, incluindo *Nove marcas de uma igreja saudável.*

Kevin DeYoung é pastor titular da University Reformed Church em East Lansing, Michigan, e membro do conselho de TGC. Seus muitos livros incluem *The Hole in our Holiness* e *Taking God at His Word.*

Ligon Duncan é reitor e diretor do Seminário Teológico Reformado, presidente da Aliança de Evangélicos Confissionais e membro do conselho do TGC. Escreveu ou contribuiu para muitos livros, incluindo *The Unadjusted Gospel.*

Mika Edmondson é pastor fundador de New City Fellowship, no sudeste de Grand Rapids. Completou seu doutorado em teologia sistemática com uma dissertação sobre a teologia do sofrimento de Martin Luther King Jr.

Collin Hansen é diretor editorial de The Gospel Coalition e, antes, foi editor associado de *Christianity Today*. Seu livro mais recente é *Blind Spots: Becoming a Courageous, Compassionate, and Commissioned Church*.

R. Kent Hughes é professor de teologia prática no Seminário Teológico de Westminster, na Filadélfia, e membro do conselho de TGC. Por vinte e sete anos ele serviu como pastor titular de College Church, em Wheaton, Illinois. Escreveu mais de trinta livros, incluindo *Disciplines of a Godly Man* e *Liberating Ministry from the Success Syndrome*; é editor sênior da série de comentáros "Pregando a Palavra".

Timothy Keller é pastor titular da Igreja Presbiteriana Redeemer, em Manhattan, e vice-presidente de The Gospel Coalition. Escreveu diversos livros, incluindo *The Reason for God* e *The Meaning of Marriage*.

John Lin é pastor líder da congregação Downtown da Igreja Presbiteriana Redeemer, em Manhattan. Antes chegar a Redeemer, serviu como pastor de ministério em língua inglesa de uma igreja coreana-americana.

Vermon Pierre é pastor titular de pregação e missão na Igreja da Comunidade de Roosevelt em Phoenix, Arizona, e membro do conselho de TGC. É autor de *Gospel Shaped Living*, parte do currículo da Igreja Formada pelo Evangelho.

John Piper é fundador do site desiringGod.org, ali atuando como professor, e reitor de Bethlehem College & Seminary, em Mineápolis, Minnesota. Serviu como pastor da Igreja Batista de Bethlehem por trinta e três anos. É membro do conselho de TGC e autor de mais de cinquenta livros, incluindo *Desiring God.*

Juan Sanchez é pastor titular da High Pointe Baptist Church em Austin, Texas, e membro do conselho da TGC . É autor de *1 Peter for You.*

Leo Schuster é pastor titular de City Church Houston. Anteriormente, serviu na equipe pastoral da Igreja Presbiteriana Redeemer, em Manhattan.

Sam Storms é pastor titular de pregação e visão na Bridgeway Church, em Oklahoma City, e presidente da Sociedade Teológica Evangélica. É membro do conselho de TGC e autor de muitos livros, incluindo *Packer on the Christian Life* e *Pleasures Evermore.*

Stephen Um é pastor titular da Igreja Presbiteriana Vida na Cidade em Boston e diretor associado de treinamento para o programa "City to City", da Redeemer. É membro do conselho de TGC e autor de *Why Cities Matter* e de *1 Corinthians* na série "Preaching the Word", da Crossway.

John Yates é reitor de The Falls Church Anglican, no norte da Virgínia. É membro do conselho de TGC e é participante ativo do Movimento Anglicano de Renovação nos Estados Unidos.

Agradecimentos

Trazer à imprensa o *Catecismo Nova Cidade* (CNC) tem sido um projeto de grupo por muitos anos. Tim Keller, Sam Shammas e a Igreja Presbiteriana Redeemer merecem o crédito por seu trabalho em adaptar as cinquenta e duas perguntas e respostas originais do NCC do Catecismo de Genebra de Calvino, dos Catecismos Maior e Menor de Westminster e, especialmente, do Catecismo de Heidelberg. Ben Peays deu início ao lançamento em rede como diretor executivo de The Gospel Coalition, e seu entusiasmo por este projeto continua a nos impulsionar. A Crossway tem sido uma parceira fiel nessa ventura de revigorar a prática da catequese em nossas igrejas e em nossos lares. Sem o excelente trabalho de Betsy Childs Howard, jamais teríamos concebido este livro, que esperamos, sirva a pessoas indivíduos, famílias e igrejas por gerações no futuro.

Dedicamos este livro às mães, tanto espirituais como biológicas, para que seus filhos possam levantar-se e chamá-las benditas (Pv 31.28) enquanto invocam o nome do Senhor para a salvação (Rm 10.13).

Collin Hansen, Editor-Geral

Notas

1. Gary Parrett e J. I. Packer, *Grounded in the Gospel: Building Believers the Old-Fashioned Way* (Grand Rapids, MI: Baker, 2010), 16.
2. John Calvin, *Institutes of the Christian Religion*, ed. John T. McNeill, trad. Ford Lewis Battles (Philadelphia: Westminster, 1960), 3.7.1.
3. Jonathan Edwards, *The Works of Jonathan Edwards*, ed. Edward Hickman (London: Ball, Arnold, and Co., 1840), 2:511.
4. Richard Baxter, "The Catechising of Families" in *The Practical Works of the Rev. Richard Baxter*, vol. 19 (London: Paternoster, 1830), 33, 62, 89.
5. J. C. Ryle, *Expository Thoughts on the Gospels: St. Matthew* (New York: Robert Carter & Brothers, 1870), 51, 336–37.
6. John Calvin, *Hebrews*, em Calvin's Commentaries, vol. 22 (Grand Rapids, MI: Eerdmans, 1996), 266. Disponível também em Christian Classics Ethereal Library, http:// www.ccel.org/ccel/calvin/calcom44.xvii.ii.html.
7. Richard Sibbes, *Divine Meditations and Holy Contemplations* (London: J. Buckland, 1775), 13, 114.
8. John Wesley, "The Two Great Commandments", in *Renew My Heart* (Uhrichsville, OH: Barbour, 2011).
9. John Bunyan, "The Doctrine of the Law and Grace Unfolded", in *The Works of that Eminent Servant of Christ, Mr. John Bunyan*, vol. 3 (Edinburgh: Sands, Murray & Cochran, 1769), 245–47.
10. C. H. Spurgeon, "Heart-Knowledge of God", in *The Metropolitan Tabernacle Pulpit: Sermons Preached and Revised by C. H. Spurgeon During the Year 1874*, vol. 20 (London: Passmore & Alabaster, 1875), 674–75.
11. Augustine, *Confessions*, trad. Henry Chadwick (Oxford: Oxford University Press, 1991), 3.
12. John Calvin, *Institutes of Christian Religion*, trad. Henry Beveridge (Grand Rapids, MI: Eerdmans, 1989), 2.8.2.
13. Martyn Lloyd-Jones, *The Cross* (Wheaton, IL: Crossway, 1986), 176–77.
14. Martin Luter, *Treatise Concerning Good Works* (1520; repr., Brooklyn, NY: Sheba Blake Publishing, 2015), seções 10–11.
15. Veja a Primeira Secção: "The Ten Commandments", de Martin Luther's Small Catechism, http://bookofconcord.org/smallcatechism.php#ten commandmentsthe/.

16. John Bradford, "Godly Meditations: A Meditation upon the Ten Commandments", in *The Writings of John Bradford*, ed. Aubrey Townsend (Cambridge: University Press, 1868), 170–71, 172.
17. John Owen, "The Nature, Power, Deceit, and Prevalency of the Remainders of Indwelling Sin in Believers", em *The Works of John Owen*, ed. Thomas Russell, vol. 13 (London: Richard Baynes, 1826), 200–201.
18. Ibid., 26.
19. Abraham Booth, "Confession of Faith", em *Works of Abraham Booth: Late Pastor of the Baptist Church*, vol. 1 (London: Button, 1813), xxxi–xxxii.
20. *Memoirs of the Life of the Rev. Charles Simeon* (London: Hatchard and Son, 1847), 661–62.
21. Oswald Chambers, entrada para 7 de outubro, *My Utmost for His Highest: Selections for Every Day* (Uhrichsville, Ohio: Barbour, 1992), 207.
22. Martin Luter, *Luther's Large Catechism*, trad. F. Samuel Janzow (St. Louis, MO: Concordia, 1978), 13–17.
23. C. H. Spurgeon, "Hope for the Worst Backsliders", sermão 2.452 in *The Complete Works of C. H. Spurgeon*, vol. 42 (Morrisville, PA: Delmarva Publications, 2013). Também disponível em Bible Bulletin Board, http://www.biblebb.com/files/spurgeon/2452.htm.
24. Jonathan Edwards, *A Treatise Concerning Religious Affections* (Philadelphia: James Crissy, 1821), 48–49.
25. John Chrysostom, "Christmas Morning", in *The Sunday Sermons of the Great Fathers*, vol. 1 (Swedesboro, NJ: Preservation Press, 1996), 110–115.
26. St. Augustine, *Sermons on the Liturgical Seasons*, sermão 191, in *The Fathers of the Church*, trad. Sister Mary Sarah Muldowney (Washington, D.C., Catholic University of America Press, 1959), 28–29.
27. Athanasius, "On the Incarnation of the Word", em *Athanasius: Select Works and Letters*, vol. 4 of *The Nicene and Post-Nicene Fathers*, Série 2, eds. Philip Schaff e Henry Wace (Peabody, MA: Hendrickson, 1999), 40–41.
28. John Chrysostom, "Easter Sermon by John Chrysostom", in *Service Book of the Holy Orthodox-Catholic Apostolic (Greco-Russian) Church*, trad. Isabel Florence Hapgood (New York: Riverside Press, 1906), 235–36.
29. Athanasius, "On the Incarnation of the Word", in *Athanasius: Select Works and Letters*, vol. 4 of *The Nicene and Post-Nicene Fathers*, Série 2, eds. Philip Schaff e Henry Wace (Peabody, MA: Hendrickson, 1999), 40.
30. Richard Sibbes, "Of Confirming this Trust in God", in *The Soul's Conflict and Victory over Itself by Faith* (London: Pickering, 1837), 325–26.
31. Augustus Toplady, "Rock of Ages", 1763.
32. John Bunyan, *Heart's-Ease in Heart-Trouble* (London: John Baxter, 1804), 60.

33. Martyn Lloyd-Jones, "Creation and Common Grace", in *God the Holy Spirit*, vol. 2, *Great Doctrines of the Bible* (Wheaton, IL: Crossway, 2003), 24-25.
34. Richard Mouw, *He Shines in All That's Fair* (Grand Rapids, MI: Eerdmans, 2001), 14.
35. J. C. Ryle, *Consider Your Ways* (London: Hunt & Son, 1849), 23–24.
36. C. H. Spurgeon, entrada para a manhã de 25 de setembro, em *Morning by Morning* (New York: Sheldon and Company, 1866), 269.
37. Jonathan Edwards, *The Works of Jonathan Edwards*, ed. Edward Hickman (London: Ball, Arnold, and Co., 1840), 2:580.
38. John Wesley, "Letter to the Rev. Dr. Middleton", in *The Works of the Reverend John Wesley*, vol. 5 (New York: Emory & Waugh, 1831), 757.
39. Abraham Booth, *The Reign of Grace: From Its Rise to Its Consummation* (Glasgow: Collins, 1827), 247–48.
40. John Calvin, "The Necessity of Reforming the Church", in *Theological Treatises*, ed. e trad. de J. K. S. Reid, *The Library of Christian Classics* (Louisville: WJKP, 1954), 199.
41. Edward Mote, "My Hope Is Built on Nothing Less", 1834.
42. C. H. Spurgeon, "The Agreement of Salvation by Grace with Walking in Good Works", sermão 2.210, em *The Complete Works of C. H. Spurgeon*, vol. 37 (Morrisville, PA: Delmarva Publications, 2015). Também disponível em Bible Bulletin Board, http://www.biblebb.com/files/spurgeon/2210.htm.
43. Francis A. Schaeffer, *The God Who Is There*, in *The Francis A. Schaeffer Trilogy: The Three Essential Books in One Volume* (Wheaton, IL: Crossway, 1990), 182–83.
44. St. Augustine, *The City of God*, trad. Marcus Dods (Digireads, 2009), 329–30.
45. Gordon D. Fee, "On Getting the Spirit Back into Spirituality", in *Life in the Spirit*, eds. Jeffrey Greenman e George Kalantzis (Downers Grove, IL: InterVarsity Press, 2010), 46. Thomas F. Torrance, *The Trinitarian Faith* (London: T & T Clark, 1991), 191.
46. John Owen, "The Indwelling of the Spirit", in *The Doctrine of the Saints' Perseverance Explained and Confirmed*, vol. 11 of *The Works of John Owen*, ed. William Gold (New York: Robert Carter & Brothers, 1853), 343–61.
47. Abraham Booth, "The Reign of Grace", in *Booth's Select Works* (London: Chidley, 1839), 187–88.
48. "Mr. John Bunyan's Dying Saying: Of Prayer", in *The Works of That Eminent Servant of Christ John Bunyan*, vol. 1 (Philadelphia: John Ball, 1850), 47.
49. John Chrysostom, "Homily 37: On John", in *Commentary on Saint John the Apostle and Evangelist, Homilies 1–47*, vol. 33, *The Fathers of the Church*, trad. Sister Thomas Aquinas Goggin (Washington, DC, Catholic University Press, 1957), 359.

50. Martin Luter, *Commentary on the Sermon on the Mount*, trad. Charles A. Hay (Philadelphia: Lutheran Publication Society, 1892), 246.
51. Thomas Cranmer, "Thomas Cranmer's Preface to the Great Bible", in *Miscellaneous Writings and Letters of Thomas Cranmer*, ed. J. E. Cox (Cambridge: Cambridge University Press, 1846), 122.
52. Charles Simeon, "The Bible Standard of Religion", in *Horae Homilecticae: or Discourses (Principally in the Form of Skeletons) and Forming a Commentary upon Every Book of the Old and New Testament*, vol. 3 (London: Holdsworth & Ball, 1832), 542–43.
53. Confissão de Fé de Westminster, 27.1.
54. J. I. Packer, *Concise Theology* (Wheaton, IL: Tyndale, 1993), 210.
55. "Holy Baptism (I)", *The Poems of George Herbert* (London: Walter Scott, 1885), 35–36.
56. John Calvin, *Calvin's Bible Commentaries: Matthew, Mark and Luke*, parte 1, trad. John King (London: Forgotten Books, 2007), 187.
57. Richard Baxter, "A Saint or a Brute", *The Practical Works of Richard Baxter*, vol. 10 (London: Paternoster, 1830), 318–19.
58. Derek Kidner, *Genesis*, Tyndale Old Testament Commentaries (Downers Grove, IL: IVP Academic), 73.
59. J. C. Ryle, "Thoughts on the Supper of the Lord", in *Principles for Churchmen* (London: William Hunt, 1884), 267–70.
60. Charles Haddon Spurgeon, "Christ's People – Imitators of Him", *Sermons of the Rev. C. H. Spurgeon* (New York: Sheldon, Blakeman & Co., 1858), 263–64.
61. Artigos 19 e 20 dos Trinta e Nove Artigos.
62. Samuel J. Stone, "The Church's One Foundation", 1866.
63. Charles Wesley, "Hail the Day That Sees Him Rise", 1739.
64. Martyn Lloyd-Jones, "The Final Destiny", in *The Church and the Last Things*, vol. 3, *Great Doctrines of the Bible* (Wheaton, IL: Crossway, 2003), 247–48.
65. Charles Wesley, "Arise, My Soul, Arise", 1742.
66. J. C. Ryle, *Practical Religion* (Grand Rapids, MI: Baker, 1977), 476. Disponível no Projeto Gutenberg, http://www.gutenberg.org/files/38162/38162-h/38162-h.htm #XXI.

Esta obra foi composta em SabonLTStd-Romam 10, e impressa
na Promove Artes Gráficas sobre o papel Apergaminhado 70g/m2,
para Editora Fiel, em Maio de 2023